RUBEN WESTER-EBBINGHAUS

Better
BURGER

Für die ganze Familie – mit und ohne Fleisch

Rezept auf Seite 45

RUBEN WESTER-EBBINGHAUS

Better BURGER

Für die ganze Familie – mit und ohne Fleisch

südwest

INHALT

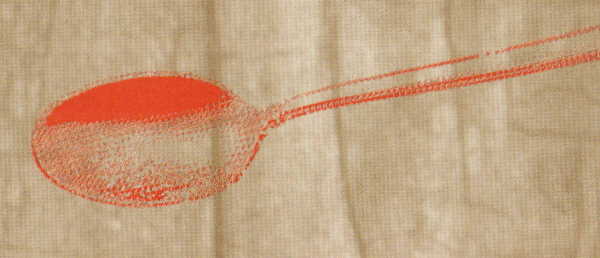

LIEBE FREUNDE DER NEO-BURGERKULTUR,

wir befinden uns in einem historischen gesellschaftlichen Wandel. Die Welt wird immer unübersichtlicher. Alte Strukturen werden aufgebrochen. Die Sehnsucht nach Verlässlichkeit, Tradition und Halt wächst stetig. Unterdessen häufen sich Lebensmittelskandale: Pferdefleisch in der Lasagne, genmanipulierter Mais, Chlorhühnchen oder Pestizide im Lachs. Cleveres Marketing reicht nicht mehr aus und künstlich inszeniertes Vertrauen macht es für viele Lebensmittelmarken immer schwieriger.

Gleichzeitig haben sich unsere Essgewohnheiten geändert: Immer mehr Menschen legen immer größeren Wert auf qualitativ hochwertiges Essen und Bio-Landwirtschaft. Immer mehr Menschen sind bereit, für ehrliche Zutaten und echten Geschmack mehr Geld zu bezahlen. Nachhaltig und regional soll unser Essen sein: Auf welcher grünen Wiese stand das Rind und wer ist der Landwirt, der es über Jahre liebevoll gefüttert hat? Am liebsten würden wir dem Bauer persönlich die Hand schütteln, die Tiere streicheln und den Stallgeruch einatmen.

Wir wollen weniger Konsum, aber dafür höchste Qualität. Wir essen gerne weniger Fleisch, dafür aber Bio. In den Küchen des Landes wird gekocht, abgeschmeckt und geschnippelt. Das Niveau ist gestiegen und die Generation Slow-Fast-Food schwingt jetzt selbst den Kochlöffel. Die großen Hamburgerketten, die das klassische Fast Food etabliert haben, sind direkt von diesem neuen Trend betroffen – die Geschäfte laufen seit einiger Zeit mehr schlecht als recht, denn wer einmal einen richtig guten Burger gegessen hat, kann nicht mehr zurück zur klassischen Systemgastronomie. Daher gibt es auch immer mehr (kleine) Restaurants, die »Edelburger« anbieten, und diese neue Welle schwappt mittlerweile über das ganze Land.

Da man aber nicht immer essen gehen kann, haben wir das Gourmetburger-Erlebnis für zu Hause in ein Buch gepackt. Mit *Better Burger* wird das Familiy Dinner zum unvergesslichen Kochevent! Wir backen, rühren und grillen. Alle können mitmachen und sich mit ihren Fähigkeiten einbringen.

Denn: Saftige Burger – ob mit oder ohne Fleisch – lieben alle!

Viel Spaß beim Grillen, Belegen und Reinbeißen wünscht
Ruben Wester-Ebbinghaus

Better

ohne

Fleisch

HUMMUS

Sesa

Sal

Dip

Bi

Zwiebel

mayo KETCHUP

Sesam

Salsa

BRIE

Gemüse

BURGER

m

a Parmesan

a Dip

ns Tomaten

Rind Pomme

Toppings SALA

VEGGIE Buns

Pesto

Schwein

Frites MOZZAREL

SO GEHT BURGER!

SPRECHEN SIE BURGER?

Das Patty ist das wahre Herzstück eines echten Burgers. Mit ein paar einfachen Tricks ist es perfekt zubereitet: 100 Prozent Rindfleisch, am besten frisch verwolft, richtig platt gedrückt und nur mit Salz und Pfeffer gewürzt. Der höchste Genuss, medium auf dem Grill gebraten und schön saftig. Sie können Ihren Hamburger auch blutig oder durchgrillen oder -braten. Ich persönlich bevorzuge Bio-Beef, doch ich habe auch schon tolles Fleisch vom Bauern aus der Region gefunden.

Das Bun hält den ganzen Burger zusammen. Es nimmt den Saft vom Fleisch auf, hält das Topping und die Sauce im Deckel geschmacklich gut fest. Und: Mit raffinierten Toppings kann eine große Geschmacksvielfalt erreicht werden.

BETTER BURGER

Das Konzept »Better Burger« funktioniert perfekt für alle, die Wert auf beste Rohstoffe legen: Pattys aus gutem Bio-Fleisch, selbst gebackene Buns, frisch zubereitete Saucen und köstlicher Käse. Bei *Better Burger* vereinen sich viele gute Zutaten unter einem Dach. Und so lange die Zutaten gut sind, kann nicht mehr viel schiefgehen. Gute Zutaten kaufen ist Vertrauenssache, ob vom Bio-Markt oder Gemüsehändler, der seine Waren aus der Region bezieht. Fragen Sie nach, woher die Sachen kommen und suchen Sie nach kleinen Wochenmärkten.

WAS EINEN GUTEN BURGER AUSMACHT

Der erste und auch recht wahrscheinlich der beste Ratschlag: gutes Fleisch = guter Burger. Wer leckere Burger haben will, sollte nicht am wichtigsten, am Fleisch sparen. Das beste Fleisch kommt von artgerecht gehaltenen Tieren (Bio), ist klassisch vom Rind, frei von Sehnen und sollte vom Metzger Ihres Vertrauens erst kurz vor dem Kauf durch den Fleischwolf gedreht werden. Derart frisches Hackfleisch kann man problemlos auch so grillen, dass es innen noch leicht rosa ist – medium gegrillte Pattys haben außen eine schöne Kruste und sind innen supersaftig. Profi-Gourmets dürfen zu Hause selbst wolfen, das ist natürlich am besten. Der Fettanteil des Fleischs sollte nicht höher als 20 Prozent liegen. Und bei fertig abgepacktem Hackfleisch sollte man unbedingt darauf achten, dass die einzelnen Hackfleischstränge locker nebeneinander liegen.

FLEISCH SELBST WOLFEN

Da Hackfleisch schnell verdirbt, muss man immer darauf achten, dass es während des Wolfens kühl bleibt. Zuerst kühlt man das Fleisch im Kühlschrank nach dem Kauf mehrere Stunden gut durch. Dafür wählt man den kühlsten Platz im Kühlschrank, der in der Regel das Gemüsefach oder das Fach direkt darüber ist. Nun wird das Fleisch pariert. Das bedeutet, man muss alles abschneiden, was sich nachher im Patty nicht gut macht: Silberhäutchen und Sehnen werden sauber weggeschnitten. Wärmt sich das Fleisch während des Parierens, z. B. bei hohen Außentemperaturen im Sommer, zu sehr an, muss es anschließend zurück in den Kühlschrank.

Danach schneidet man das Fleisch in dünne Streifen und wolft es portionsweise durch die mittlere Scheibe des Fleischwolfs. Währenddessen sollte man am besten immer wieder überprüfen, ob das Fleisch kalt ist. Bevor man damit loslegt, die Pattys zu formen, sollte frisch verwolftes Hackfleisch mindestens noch etwa 30 Minuten in den Kühlschrank. Anschließend kann's losgehen.

PATTYS IN FORM BRINGEN

1. Was dem Fleisch grundsätzlich nicht guttut: Druck. Sowohl Hackfleisch als auch Rindfleisch am Stück möchte nicht gequetscht werden, denn so tritt der Fleischsaft aus, und der Saft ist für den guten Geschmack verantwortlich.

2. Das Hackfleisch teilt man in gleich große Portionen auf, am besten mithilfe einer Küchenwaage. Etwa 150 Gramm wiegt ein perfekt großes Patty für den mittleren Hunger. Wer richtig viel essen möchte, verdoppelt die Menge.

   TIPP: Auf gleich große Pattys achten, ansonsten ist die Garzeit unterschiedlich lang.

3. Um das Fleisch in Form zu bringen, braucht man zwei saubere Hände und eine Arbeitsfläche, die man mit einer Lage Frischhaltefolie auslegt. Die abgewogene Hackfleischkugel setzt man auf die Folie und bringt sie mit den Händen auf eine Größe, die in etwa denen der Buns entspricht. Mit der einen Hand das Fleisch flach auf die Oberfläche drücken, aber nicht mit zu viel Druck, während man mit der anderen Hand den Rand schön gleichmäßig formt.

   Die Pattys dabei nicht zu dick werden lassen, immerhin müssen sie später noch auf das Bun passen. Allerdings sollten sie auch nicht zu dünn geraten, da die Burger beim Grillen kleiner werden.

   Eine sogenannte Burgerpresse ist sinnvoll, wenn man immer exakt gleiche Pattys haben möchte, auf kleine Küchenhelfer steht und häufig Burger grillt. Die Presse lässt sich je nach gewünschter Größe einstellen. Wer nur hin und wieder mal Burger macht, kann die Beefpattys auch mit der Hand kneten und das Fleisch mit einem Spachtel flach drücken.

   TIPP: Da Hackfleisch beim Garen immer schrumpft und sich die Mitte dabei nach oben wölbt, werden aus schönen flachen Pattys mitunter beulige Buletten. Damit das nicht geschieht, ist es hilfreich, das Patty mit einer kleinen Kuhle zu versehen.

Einfach einen Löffel nehmen und in das fertig geformte Patty eine Delle in die Mitte drücken. Wenn man diese Dehnungsfuge eingearbeitet hat, bleibt das Patty schön flach und anschließend ist im Burger noch genug Platz für alle möglichen Toppings, ohne dass der Burger insgesamt zu dick bzw. hoch wird.

4. Erst kurz bevor die Pattys auf dem Grill landen, werden sie (ausschließlich) mit Salz und Pfeffer gewürzt.

PATTYS RICHTIG GRILLEN

Der Grill muss richtig heiß sein, idealerweise etwa 220 °C bis 230 °C. Wenn man die Pattys dann auf den leicht eingeölten Grillrost legt, sollte man davon Abstand nehmen, sie ständig zu bewegen oder zu wenden. Dadurch geht nur der Saft verloren. Und noch etwas: Anfangs lassen sich die Pattys nur schlecht lösen. Wenn man sie zu früh wendet, läuft man Gefahr, dass sie auseinanderreißen oder kleinere Stücke vom Rand am Rost kleben bleiben. Erst nach etwa 4 Minuten hat sich eine krosse Kruste gebildet, die beim Wenden gar keine Probleme mehr bereitet und sich wie von selbst vom Grillrost löst. Also, Patty auf den Grill, 4 Minuten warten, Geduld haben, dann ein einziges Mal wenden und weitere 4 Minuten von der zweiten Seite grillen: Dann ist es fertig, das herrlich saftige Patty.

ARBEITSUTENSILIEN

- ★ **Fleischwolf oder Messer**
- ★ **Grill (Elektro oder Holzkohlegrill) oder Grillpfanne**
- ★ **Grillzange/Grillwender**
- ★ **Grillbürste für den Rost**
- ★ **Spachtel**
- ★ **Burgerpresse**
- ★ **Zeitmesser**
- ★ **Formen für Ei (Ringform zum Braten aus Metall oder Silikon, siehe Rezept Seite 42)**

ALTERNATIVEN ZU BEEF

Zwar sind klassische Burgerpattys aus Rinderhackfleisch, doch auch andere Fleischsorten eignen sich prima, um eine geschmackliche Vielfalt zu erreichen.

Lamm: Besonders kräftig schmecken Pattys aus frisch verwolftem Lammfleisch, und sie sind köstlich zu Avocadotoppings und vertragen grundsätzlich mehr Gewürz als Salz und Pfeffer. Hier passen frisches Koriandergrün oder auch frisch geriebener Ingwer (Seite 78).

Pute/Hähnchen: Da deutsche Metzger Geflügelfleisch nach der Hackfleischverordnung nicht wolfen dürfen, muss man hier selbst Hand anlegen bzw. auf tiefgekühltes Geflügelhackfleisch zurückgreifen, das man im Bioladen bekommt. Zum Zerkleinern von Puten- oder Hähnchenbrustfilet eignet sich sehr gut ein Standmixer, mit dem man das Fleisch pulsierend zerkleinert und nicht fein püriert. Und da Geflügelfleisch sehr mager ist, benötigt man Bindemittel in Form von Semmelbröseln und Ei. Außerdem macht es Sinn, gleich ein paar Aromen an die Pattys zu bringen. Beim Putenburger wird beispielsweise das Patty mit Gouda gefüllt (Seite 74), der Patty des Chickenburgers ist mit fein geschnittenen Frühlingszwiebeln und Knoblauch gewürzt (Seite 75).

Fisch/Seafood: Aus einfachem Seelachsfilet kann man ganz feine Pattys herstellen, die, genauso wie Geflügelpattys, ein Bindemittel benötigen. Besonders fein schmeckt eine Mischung aus Sahne und eingeweichtem Toastbrot, die dem zerkleinerten Fischfilet zugefügt wird. Die Fischmasse lässt sich beliebig würzen, z. B. mit frischen Kräutern und klein gehackten Kapern (Seelachsburger Seite 68). Natürlich kann man auch aus zerkleinerten Garnelen Pattys herstellen, doch ist das ein bisschen schade. Nichts spricht jedoch dagegen, Garnelen oder auch Fischfilet im Ganzen zu grillen und dann auf das Bun zu legen (Kabeljauburger Seite 62, Scampiburger Seite 63).

Veggie: Vegetarische oder vegane Burger stehen solchen mit Fleischpatty in nichts nach. Sowohl aus Tofu (Seite 83) als auch aus Hülsenfrüchten (Seite 88), Käse (Seite 82) oder Kartoffeln (Seite 102) lassen sich wunderbare Alternativen nicht nur für Vegetarier oder Veganer basteln. Denn wer öfter ein vegetarisches Patty brät, kann sich beim nächsten Mal beim Bio-Metzger ein gutes und hochpreisiges Stück Fleisch leisten.

BUNS SELBST BACKEN

Neben einem saftigen Patty lebt ein guter Burger auch von seinem Bun. Klassisch ist
ein süß angehauchtes, buttriges Briochebun (Seite 22). Aber auch Vollkornbuns
(Seite 23) oder Sesambuns (Seite 24) passen je nach Belag wunderbar zu vegetarischen
Burgern oder zu Fisch.

Die Anforderungen an Burgerbuns sind hoch: Das Brötchen darf weder zu luftig noch zu
kompakt sein. Und ganz wichtig: Zu einem guten Mouthfeeling gehört unbedingt, dass
die Kruste nicht zu hart ist. Beim Reinbeißen darf ein angenehmer Widerstand zu
spüren sein, doch wenn das Bun zu hart ist, wird's schnell unangenehm. Muss man beim
Zuschnappen zu viel Druck ausüben, quetscht an den Seiten gerne die Füllung raus.
Zudem sollen Buns angenehm fein schmecken und den Burger geschmacklich nicht
dominieren. Die Saucen dürfen das Bun nicht zu schnell durchweichen und einen
kleinen Röstschock auf dem Grill muss es ebenso verkraften können.

BURGER RICHTIG ESSEN

Wer seinen Burger mit Messer und Gabel verspeisen möchte, darf das tun, ihm geht
jedoch das sensorische Geschmackserlebnis flöten. Burger essen geht eigentlich nur
mit beiden Händen. Kommt er auf den Tisch, lohnt sich bei sehr großen bzw. dicken
Exemplaren ein wenig Druck von oben mit der flachen Hand. Dann Mund auf und und

hineinbeißen: Der Biss geht von oben nach unten: erst durchs Bun, dann durch eine Lage Topping – Zwiebel, Tomate, Sauce –, dann kommt Käse, falls vorhanden, dann der warme, saftige Patty und das zweite Topping – Salat, Gurke, Sauce – und wieder Bun. Zum Reinbeißen lehnt man sich am besten leicht nach vorn und lässt den Burger über dem Teller etwas abtropfen.

CHEEEESE

Cheeseburger werden traditionell mit Cheddar gemacht, wobei die Käsescheiben direkt auf das Patty gelegt werden und so etwas anschmelzen. Beim Käse lohnt es sich genauso wie beim Fleisch richtig gute Qualität zu kaufen. Ein alter irischer Cheddar passt hervorragend zu medium gegrilltem Fleisch, doch auch andere Käsesorten eignen sich prima: Gorgonzola, Brie, Parmesan, Büffelmozzarella oder Ziegenkäse.

GRÜNZEUG

Zwischen den Buns kann mehr sein als nur Käse. Auf den klassischen Burger gehört als Topping etwas Grünzeug – Salatblätter wie Eisberg, Lollo bionda oder dergleichen –, dann noch Tomatenscheiben, Zwiebeln und/oder fein geschnittene Gewürzgürkchen. Doch gerade für Gäste lohnt es sich, etwas tiefer in die Trickkiste zu greifen. In der Biokiste oder auf dem Wochenmarkt findet man immer die besten saisonalen Gemüse- und Salatsorten, die sich auch auf dem Burger gut machen, z. B. Brunnenkresse oder Rucola. Für den Burger mit Kürbis (Seite 57) wird Hokkaidokürbis in sehr dünne chipsartige Scheiben geschnitten und im Ofen gebacken. Der Burger wird mit den Kürbischips, in Scheiben geschnittenen Feigen und Bergkäse belegt und schmeckt herbstlich-köstlich!

SAUCEN

Anstatt auf Fertigsaucen zurückzugreifen, die meist Geschmacksverstärker und allerlei Stabilisatoren enthalten, können selbst gemachte Saucen dem Burger den letzten Kick verleihen. Zu Lammfleisch passt eine Avocadocreme (Seite 78), zu Beef und Büffelmozzarella ein selbst gemachtes Basilikumpesto (Seite 132). Zu den Burgerbasics zählen Ketchup, Mayonnaise und Klassiksauce.

Mayonnaise (Seite 133) aus frischen Eiern und Ketchup (Seite 127) aus reifen Tomaten selbst herzustellen, lohnt sich immer, weil Burger auf diese Art und Weise superfrisch schmecken und überhaupt nichts mehr mit herkömmlichem Fast Food zu tun haben.

WÜRZZUTATEN

Mit frischen Kräutern, Gewürzen oder auch fein geriebenem Hartkäse (Pecorino oder Parmesan) kann man einem Patty einen ganz eigenen Charakter verleihen. Das macht vor allem Sinn bei Fleisch mit kräftigem Geschmack – z. B. Lamm – oder bei sehr magerem Fleisch, wie beispielsweise Geflügelfleisch, oder auch bei Fischfilet.

Auch hier sind der Fantasie keine Grenzen gesetzt – zum Würzen für die Pattys eignen sich Zutaten wie Worcestershiresauce, Dijonsenf, Thymianblättchen, fein geschnittene Frühlingszwiebeln, Knoblauch, Ingwer, Sojasauce, Chili oder Cayennepfeffer.

DIE PERFEKTEN POMMES FRITES

Grundsätzlich verwenden wir festkochende Sorten, doch letztlich gelingen akzeptable Pommes frites mit nahezu jeder Kartoffelsorte. Man muss also nicht extra los auf den Markt, wenn man nur noch eine mehligkochende Sorte zu Hause hat.

Die Stärke: Die Stärke wird Pommes-Frittier-Anfängern gerne zum Verhängnis. Das Geheimnis von knusprigen Pommes frites ist ein kleiner Rest Stärke, der für eine herrlich knusprige Kruste an der Außenseite der Pommes frites sorgt. Zu viel Stärke verhindert hingegen die Krustenbildung. Daher werden Kartoffeln am besten ungeschält in Stifte geschnitten, denn das Anschneiden zerstört zu viele Zellen, aus denen in der Folge große Mengen an Stärke austreten. Die Kartoffelstifte werden anschließend abgespült und danach mit Küchenpapier getrocknet.

Tipp: Echte Pommes-Liebhaber blanchieren die Kartoffelspalten vor dem Frittieren sogar noch kurz in 50 °C bis 70 °C heißem Wasser, sodass Stärkereste an der Oberfläche verkleistern. So entsteht die beste Kruste überhaupt!

Das Öl: Das Öl sollte am besten geschmacksneutral sein, um die Pommes frites nicht ungewollt zu aromatisieren. Leinöl oder Olivenöl eignen sich beispielsweise nicht. Rapsöl eignet sich hingegen gut zum Frittieren.

Tipp: Beginnt das Öl zu rauchen, ist es zu hoch erhitzt worden und es könnten gesundheitsschädliche Stoffe freigesetzt worden sein. Dann unbedingt Neues verwenden!

Frittieren: Eine Fritteuse brauchen Pommes-Fans nicht zwangsläufig – es genügt auch ein simpler Topf und ein Kochthermometer, mithilfe dessen man prüfen kann, wie heiß das Öl ist. Im ersten Frittiervorgang wird das Öl auf 140 °C bis 150 °C erhitzt und die Pommes frites garen durch und werden weich. Im zweiten Frittiervorgang bei 160 °C bis 180 °C erhalten sie eine schöne goldgelbe Kruste (Seite 106).

DAS LEBEN IST ZU KURZ – GRILLT FRISCHE BURGER!

Burger ist wie Hip Hop: kennt jeder, macht Spaß und die ganze Familie kann mitmachen. Ein Burgerabend eignet sich absolut perfekt für einen Kochevent mit der ganzen Familie und/oder Freunden. Beim gemeinsamen Vorbereiten formt jeder schon mal selbst sein Patty – damit es nachher auch keine Verwechslungen gibt.

Auf dem Tisch gibt's dann verschiedene »Belegstationen«, hier ist für jeden etwas dabei: Kleine Grünzeugverächter können ihren Burger ganz nach Belieben ohne Hasenfutter belegen (und dafür extraviel selbst gekochtes Ketchup und gegrillten Bacon nehmen), Veggie-Teenager schnappen sich die vegane Mayonnaise (Seite 133) und die Erwachsenen freuen sich über erlesene Toppings: Grüne Chilisauce, Avocadomayonnaise, Birnenchutney, Tomatenrelish, Feigensenf. Die Burger-station zum Selberbelegen wird mit vielen verschiedenen Toppings besetzt, jeder nimmt das, was er mag, und alle sind glücklich. Als Beilagen gibt es Pommes frites aus frischen Kartoffeln (Seite 106) und extraknusprige Onion Rings (Seite 119), die allen schmecken.

Wer hat die Mayo?

BRIOCHE-
BURGER-BUNS ★★★

Für 8 Buns

3 EL warme Milch
2 ½ EL Zucker
5 g frische Hefe
1 Ei
360 g Mehl Type 1050
40 g Mehl Type 405
1 ½ TL Salz
2 ½ TL weiche Butter

→ 15 Minuten plus 2 Stunden Gehzeit und 15 Minuten Backzeit

→ Zubereitung

★ 240 Milliliter warmes Wasser, die warme Milch, den Zucker und die Hefe in einer Schüssel vermischen. Etwa 5 Minuten stehen lassen.

★ Das Ei mit dem Schneebesen schaumig schlagen.

★ Beide Mehlsorten mit dem Salz vermischen. Die Butter hinzufügen und mit den Fingern kneten, bis sich kleine Krumen ergeben haben.

★ Die Hefemischung und das Ei mit einem Kochlöffel untermischen, bis die Masse klumpt. Anschließend den Teig 10 Minuten so lange kneten, bis er seidig glänzt.

★ Den Teig zu einer Kugel formen, leicht bemehlen und abgedeckt an einem warmen Ort etwa 1 Stunde gehen lassen.

★ Ein Backblech mit Backpapier auslegen.

★ Aus dem Teig 8 Buns formen und die Teiglinge nicht zu dicht nebeneinander auf das Backblech setzen. Die Teiglinge mit einem sauberen Geschirrtuch abdecken und 1 Stunde gehen lassen.

★ Den Backofen auf 200 °C (Umluft 180 °C, Gas Stufe 3-4) vorheizen.

★ Eine Schüssel Wasser auf den Boden des Ofens stellen und die Brioche-Burger-Buns bei 200 °C etwa 15 Minuten backen, bis sie goldbraun sind. Vor dem Aufschneiden und Verzehr mindestens 1 Stunde auskühlen lassen.

VOLLKORN-BUNS ★★★

Für 8 Buns

375 g Vollkorn-Dinkelmehl
1 Päckchen Trockenhefe
200 ml Buttermilch
120 g Magerquark
1 TL Salz
Buttermilch zum Bestreichen
Sesamsaat zum Bestreuen

→ **20 Minuten plus 1 Stunde Gehzeit und 35 Minuten Backzeit**

→ Zubereitung

★ Dinkelmehl, Trockenhefe, Buttermilch, Magerquark und Salz in eine Schüssel geben und etwa 5 Minuten lang zu einem glatten Teig verkneten.

★ Den Backofen auf 200-210 °C (Umluft 170-180 °C, Gas Stufe 3-4) vorheizen. Ein Backblech mit Backpapier auslegen.

★ Aus dem Teig 8 flache Buns formen und diese nicht zu dicht nebeneinander auf das Backblech setzen. Die Buns zugedeckt etwa 1 Stunde gehen lassen.

★ Die Buns mit Buttermilch bestreichen und mit Sesam bestreuen. Dann die Vollkornbuns bei 200-210 °C etwa 35 Minuten backen. Vor dem Aufschneiden und Verzehr mindestens 1 Stunde auskühlen lassen.

SESAM-
BUNS ★★★

Für 8 Buns

400 g Weizenmehl
100 g Buchweizenmehl
50 g Magermilchpulver
30 g Zucker
25 g Trockenhefe
1 Ei
1 TL Salz
Sesamöl zum Bepinseln
Sesamsaat zum Bestreuen

→ *15 Minuten plus 1 Stunde*
Gehzeit und 25 Minuten Backzeit

→ Zubereitung

★ Weizenmehl, Buchweizenmehl, Magermilchpulver, Zucker und Trockenhefe in eine Rührschüssel geben. In der Mitte eine Mulde formen und das Ei und 160 Milliliter Wasser zufügen.

★ Alles mischen und von Hand sehr gewissenhaft 5 Minuten lang verkneten. Dann das Salz dazugeben und noch 1 Minute weiterkneten.

★ Den Teig zu einer Kugel formen, leicht bemehlen und abgedeckt an einem warmen Ort etwa 1 Stunde gehen lassen.

★ Den Backofen auf 180 °C (Umluft 160 °C, Gas Stufe 2-3) vorheizen. Ein Backblech mit Backpapier auslegen.

★ Den aufgegangenen Teig zu 8 Buns formen und diese nicht zu dicht nebeneinander auf das Backblech setzen. Die Sesam-buns bei 180 °C 15 bis 25 Minuten backen.

★ Die Buns direkt nach dem Backen mit Sesamöl einpinseln und die Sesamsaat aufstreuen. Die Buns vor dem Aufschnei-den und Verzehr mindestens 1 Stunde auskühlen lassen.

Olivenöl

Buns

Sojamehl

HEFE

WASSER

sesamsaat

DINKELMEHL

vegan

Backblech

SALZ

VEGANE BUNS ★★★

Für 8 Buns

1 EL Leinsamen
1 EL Trockenhefe
120 ml Mandelmilch
2 EL Kokosöl
2 EL Rohrzucker
1 TL rosa Himalaya-Salz
360 g Mehl
1 EL vegane Butter
Sesamsaat zum Bestreuen

**→ 35 Minuten plus
1 Stunde 40 Minuten Gehzeit und
18 Minuten Backzeit**

→ Zubereitung

★ Die Leinsamen mit 3 Esslöffeln Wasser in einer Schale vermischen und 15 Minuten ziehen lassen.

★ Trockenhefe und 120 Milliliter warmes Wasser in eine Schüssel geben und verrühren.

★ In einer zweiten Schüssel Mandelmilch, eingeweichte Leinsamen, Kokosöl, Rohrzucker und Himalaya-Salz vermischen. Die Mischung zur Hefelösung geben und gründlich verrühren.

★ Das Mehl hinzufügen und mit den Knethaken des Handrührgeräts langsam für 10 Minuten kneten. Der fertige Teig sollte glatt sein und sich leicht klebrig anfühlen.

★ Den Teig abgedeckt an einem warmen Ort 1 Stunde gehen lassen, bis er sein Volumen verdoppelt hat. Anschließend den aufgegangenen Teig kurz durchkneten und zu 8 Buns formen.

★ Ein Backblech mit Backpapier auslegen. Die Buns nicht zu dicht nebeneinander daraufsetzen und weitere 30 bis 40 Minuten gehen lassen.

★ Den Backofen auf 190 °C (Umluft 170 °C, Gas Stufe 3) vorheizen.

★ Die vegane Butter in einer Pfanne schmelzen, die Buns damit einpinseln und die Sesamsaat aufstreuen.

★ Die veganen Buns bei 190 °C 15 bis 18 Minuten backen, bis sie goldbraun sind. Die Buns vor dem Aufschneiden und Verzehr mindestens 1 Stunde auskühlen lassen.

★TIPP★

Das beste Ergebnis erzielt man, wenn die Buns beim Backen Wasserdampf ausgesetzt sind. Dafür einfach eine flache Metallform oder ein zweites Blech in den unteren Teil des Backofen stellen und etwas kochendes Wasser hineingeben.

★ TIPP ★

Die genaue Backdauer hängt sehr vom Ofen ab, daher die Buns besser gegen Ende der Backzeit im Auge behalten, damit sie nicht zu dunkel werden.

VEGANE DINKELBUNS ★★★

Für 8 Buns

10 g Leinsamen
50 ml Kokosöl
15 g Trockenhefe
40 g Palmzucker
5 g Salz
500 g Dinkelmehl
Kokosöl für das Blech
1 EL vegane Butter
Sesamsaat zum Bestreuen

**→ 10 Minuten plus
25 Minuten Gehzeit und
18 Minuten Backzeit**

→ Zubereitung

★ Die Leinsamen mit 3 Esslöffeln Wasser in einer Schale vermischen und 15 Minuten ziehen lassen.

★ In eine zweite Schüssel 150 Milliliter Wasser, Kokosöl, Trockenhefe und Palmzucker geben und vermischen. 15 Minuten ruhen lassen.

★ Salz, eingeweichte Leinsamen und Mehl zugeben und mit den Knethaken des Handrührgeräts 2 Minuten verkneten, bis der Teig glatt wird. Eventuell noch etwas Mehl zugeben, wenn der Teig zu stark kleben sollte.

★ Den Backofen auf 200 °C (Umluft 180 °C, Gas Stufe 3-4) vorheizen. Ein Backblech mit Kokosöl einfetten.

★ Den Teig zu 8 Buns formen und nicht zu dicht nebeneinander auf das Backblech setzen. Anschließend weitere 10 Minuten ruhen lassen.

★ Die veganen Dinkelbuns bei 200 °C 18 Minuten backen, bis sie goldbraun sind.

★ Die Buns herausnehmen. Die vegane Butter in einer Pfanne schmelzen, die Buns damit einpinseln und die Sesamsaat aufstreuen.

BEEF
Style!

****

KLASSIK-
BURGER ★★★

Für 4 Personen

Pattys
500 g Bio-Rinderhack
(Fettanteil 20 %), am besten vom
Metzger frisch verwolft
Salz
schwarzer Pfeffer, frisch gemahlen
Öl zum Braten

Topping 1
Klassiksauce:
2 Gewürzgurken
12 EL Ketchup
12 EL Mayonnaise
½ TL Rauchsalz

Topping 2
2 gelbe Zwiebeln
8 Blätter Eisbergsalat
8 Tomatenscheiben

Buns
4 Buns (selbst gebacken oder vom
Bio-Bäcker)
50 g Butter
Mayonnaise zum Bestreichen

→ **15 Minuten plus
8 Minuten Garzeit**

→ Zubereitung

★ Den Grill auf 230 °C vorheizen oder eine Pfanne auf Stufe 6 erhitzen.

★ Das Rinderhackfleisch zu 4 Kugeln à 125 Gramm teilen. Die Kugeln zu flachen Pattys formen und kräftig mit Salz und Pfeffer würzen.

★ Die Pattys auf dem leicht eingeölten Grill oder in einer Pfanne in wenig Öl von beiden Seiten jeweils 4 Minuten (medium) grillen.

★ Für die Klassiksauce die Gewürzgurken in kleine Würfel schneiden. Die Gurken in einer Schüssel mit Ketchup, Mayonnaise und dem Rauchsalz verrühren.

★ Die Zwiebeln abziehen und in Ringe schneiden.

★ Für die Buns eine Pfanne erhitzen, die Butter schmelzen lassen und die Buns darin anrösten. Oder alternativ die Butter auf dem Grill schmelzen und die Buns bei 180 °C anrösten.

★ Die obere Bunhälfte jeweils mit Mayonnaise, die untere Hälfte mit der Klassiksauce bestreichen. Die Unterseite jeweils mit 2 Blättern Eisbergsalat und dem Patty belegen. Auf das Patty jeweils 2 Tomatenscheiben und 2 Zwiebelringe auflegen. Das obere Bun aufsetzen und servieren.

CHILI-BURGER ★★★

Für 4 Personen

Pattys
500 g Bio-Rinderhack
(Fettanteil 20 %), am besten vom
Metzger frisch verwolft
Salz
schwarzer Pfeffer, frisch gemahlen
Öl zum Braten

Topping 1
Grüne Chilisauce:
2 grüne Poblano-Chilischoten
2 rote Chilischoten
1 rote Zwiebel
2 EL Koriandergrün, grob gehackt
1 EL Honig
Salz
schwarzer Pfeffer, frisch gemahlen

Topping 2
2 gelbe Zwiebeln
8 Scheiben Bacon
4 gelbe Peperoni
8 Blätter Eisbergsalat
8 Tomatenscheiben

Buns
4 Buns (selbst gebacken oder vom
Bio-Bäcker)
50 g Butter
Mayonnaise zum Bestreichen

**→ 30 Minuten plus
15 Minuten Garzeit**

→ Zubereitung

★ Den Grill auf 230 °C vorheizen oder eine Pfanne auf Stufe 6 erhitzen.

★ Das Rinderhackfleisch zu 4 Kugeln à 125 Gramm teilen. Die Kugeln zu flachen Pattys formen und kräftig mit Salz und Pfeffer würzen. Die Pattys auf dem leicht eingeölten Grill oder in einer Pfanne in wenig Öl von beiden Seiten jeweils 4 Minuten (medium) grillen.

★ Für die grüne Chilisauce beide Sorten Chilischoten auf den Grill legen, bis die Haut beginnt, schwarz zu werden. Die Chilischoten zum Abkühlen in einen Plastikbeutel oder eine -dose geben und verschließen. Anschließend enthäuten, entkernen und fein hacken.

★ Die Zwiebel abziehen und klein schneiden. Zerkleinerte Chilischoten, Koriandergrün, Zwiebeln, 50 Milliliter Wasser und Honig im Mixer oder mit dem Pürierstab pürieren. Mit Salz und Pfeffer abschmecken.

★ Die Zwiebeln abziehen und in Ringe schneiden.

★ Bacon und gelbe Peperoni jeweils 1 Minute von beiden Seiten anbraten.

★ Für die Buns eine Pfanne erhitzen, die Butter schmelzen lassen und die Buns darin anrösten. Oder alternativ die Butter auf dem Grill schmelzen und die Buns bei 180 °C anrösten.

★ Die obere Bunhälfte jeweils mit Mayonnaise, die untere Hälfte mit der Chilisauce bestreichen. Die Unterseite jeweils mit 2 Blättern Eisbergsalat und dem Patty belegen. Auf das Patty jeweils 2 Streifen Bacon, 1 gelbe Peperoni, 2 Tomatenscheiben und 2 Zwiebelringe auflegen. Das obere Bun aufsetzen und servieren.

AVOCADO-BURGER ★★★

Für 4 Personen

Pattys
500 g Bio-Rinderhack
(Fettanteil 20 %), am besten vom
Metzger frisch verwolft
Salz
schwarzer Pfeffer, frisch gemahlen
Öl zum Braten

Topping 1
Avocadomayonnaise:
1 reife Avocado
2 EL Mayonnaise
abgeriebene Schale und Saft von
1 unbehandelten Zitrone
schwarzer Pfeffer, frisch gemahlen

Topping 2
2 gelbe Zwiebeln
(oder Honigzwiebeln)
100 g Bacon
80 g Jalapeños
8 Blätter Eisbergsalat
8 Tomatenscheiben

Buns
4 Buns (selbst gebacken oder vom
Bio-Bäcker)
50 g Butter

→ **30 Minuten plus
10 Minuten Garzeit**

→ Zubereitung

★ Den Grill auf 230 °C vorheizen oder eine Pfanne auf Stufe 6 erhitzen.

★ Das Rinderhackfleisch zu 4 Kugeln à 125 Gramm teilen. Die Kugeln zu flachen Pattys formen und kräftig mit Salz und Pfeffer würzen. Die Pattys auf dem leicht eingeölten Grill oder in einer Pfanne in wenig Öl von beiden Seiten jeweils 4 Minuten (medium) grillen.

★ Für die Avocadomayonnaise die Avocado halbieren, den Kern entfernen und das Fruchtfleisch in gleich große Würfel schneiden. Avocadowürfel in eine kleine Schüssel geben. Mayonnaise, Zitronenabrieb und Zitronensaft hinzufügen. Mit Pfeffer würzen und gut vermischen.

★ Die Zwiebeln abziehen und in Ringe schneiden.

★ Für die Buns eine Pfanne erhitzen, die Butter schmelzen lassen und die Buns darin anrösten. Oder alternativ die Butter auf dem Grill schmelzen und die Buns bei 180 °C anrösten.

★ Den Bacon je 1 Minute von beiden Seiten anbraten, bis er knusprig ist.

★ Die Jalapeños waschen, putzen und klein schneiden. Beide Bunhälften mit Avocadomayonnaise bestreichen. Die untere Bunhälfte mit 2 Blättern Eisbergsalat und dem Patty belegen. Auf das Patty jeweils 2 Tomatenscheiben und 2 Zwiebelringe auflegen, mit Bacon und Jalapeños abschließen, das obere Bun aufsetzen und servieren.

BLUE-CHEESE-BURGER ★★★

Für 4 Personen

Topping 1
Birnenchutney:
900 g mittelreife Birnen
350 g gelbe Paprikaschoten
200 g Frühlingszwiebeln
30 g frischer Ingwer, fein gerieben
250 ml Weißweinessig
250 g Gelierzucker extra
1 TL Salz
½ TL Tabasco

Pattys
500 g Bio-Rinderhack
(Fettanteil 20 %), am besten vom
Metzger frisch verwolft
Salz
schwarzer Pfeffer, frisch gemahlen
Öl zum Braten

Topping 2
120 g Blue Cheese
8 Blätter Eisbergsalat
8 Tomatenscheiben
2 gelbe Zwiebeln, in Ringen
(oder Honigzwiebeln)

Buns
4 Buns (selbst gebacken oder vom
Bio-Bäcker)
50 g Butter

→ **30 Minuten plus
20 Minuten Garzeit**

→ Zubereitung

★ Für das Birnenchutney die Birnen schälen, die Kerngehäuse entfernen und das Fruchtfleisch würfeln. Paprika waschen, putzen und würfeln. Frühlingszwiebeln waschen, putzen und nur die weißen und hellgrünen Teile in feine Ringe schneiden.

★ Ingwer, Birnen und Weißweinessig in den Standmixer füllen und grob pürieren. Birnen-Ingwer-Mischung, Paprika und Frühlingszwiebeln in einen Topf geben. Gelierzucker hinzufügen, gut vermischen und zum Kochen bringen. 8 Minuten kochen, dann das Birnenchutney mit Salz und Tabasco würzen.

★ Den Grill auf 230 °C vorheizen oder eine Pfanne auf Stufe 6 erhitzen.

★ Das Rinderhackfleisch zu 4 Kugeln à 125 Gramm teilen. Die Kugeln zu flachen Pattys formen und kräftig mit Salz und Pfeffer würzen. Die Pattys auf dem leicht eingeölten Grill oder in einer Pfanne in wenig Öl von beiden Seiten jeweils 4 Minuten (medium) grillen.

★ Den Blue Cheese in dünne Scheiben schneiden und in einer Pfanne vorsichtig auf beiden Seiten kurz anbraten. Anschließend den Käse auf das gegrillte Patty legen und mit 1 bis 2 Esslöffeln Birnenchutney bestreichen.

★ Für die Buns eine Pfanne erhitzen, die Butter schmelzen lassen und die Buns darin anrösten. Oder alternativ die Butter auf dem Grill schmelzen und die Buns bei 180 °C anrösten.

★ Die untere Bunhälfte jeweils mit 2 Blättern Eisbergsalat und dem Patty samt Blue Cheese und Birnenchutney belegen. Jeweils 2 Tomatenscheiben und 2 Zwiebelringe auflegen, das obere Bun aufsetzen und servieren.

Feigen

CURRYPULVER

Klassiker

Gorgonzola

INGWER

Bio-Rinderhack

Tomatenscheiben

BLUE CHEESE

Chilipulver

HONIGZWIEBELN

Mayonnaise

BACON & EI-BURGER ★★★

Für 4 Personen

Topping 1

Tomatenrelish:

1 ½ kg Tomaten

3 große Zwiebeln

2 Knoblauchzehen

2 EL brauner Zucker

500 ml Estragonessig

2 TL Basilikumblättchen, gehackt

1 EL Senfpulver

1 EL Currypulver

1 TL gemahlener Nelkenpfeffer

Pattys

500 g Bio-Rinderhack
(Fettanteil 20 %), am besten vom
Metzger frisch verwolft

Salz

schwarzer Pfeffer, frisch gemahlen

Öl zum Braten

Topping 2

Avocadomayonnaise:

1 reife Avocado

2 EL Mayonnaise

abgeriebene Schale und Saft von
1 unbehandelten Zitrone

Pfeffer, frisch gemahlen

Topping 3

4 Eier

2 Zwiebeln (oder Honigzwiebeln)

100 g Bacon

80 g Jalapeños

8 Blätter Eisbergsalat

8 Tomatenscheiben

→ Zubereitung

★ Für das Tomatenrelish Tomaten waschen, putzen und grob würfeln. Zwiebeln abziehen und hacken. Knoblauch abziehen und zerdrücken.

★ Tomaten, Zwiebeln und Knoblauch in eine große Pfanne geben. Braunen Zucker, Essig, Basilikum, Senfpulver, Currypulver und Nelkenpfeffer hinzufügen und langsam zum Kochen bringen. Währenddessen ständig rühren, bis sich der Zucker aufgelöst hat. Bei kleiner Hitze 1 Stunde köcheln und gelegentlich rühren, bis die Mischung eingedickt ist.

★ Den Grill auf 230 °C vorheizen oder eine Pfanne auf Stufe 6 erhitzen.

★ Das Rinderhackfleisch zu 4 Kugeln à 125 Gramm teilen. Die Kugeln zu flachen Pattys formen und kräftig mit Salz und Pfeffer würzen. Die Pattys auf dem leicht eingeölten Grill oder in einer Pfanne in wenig Öl von beiden Seiten jeweils 4 Minuten (medium) grillen.

★ Für die Avocadomayonnaise die Avocado halbieren, den Kern entfernen und das Fruchtfleisch in gleich große Würfel schneiden. Avocadowürfel in eine kleine Schüssel geben. Mayonnaise, Zitronenabrieb und Zitronensaft hinzufügen. Mit Pfeffer würzen und gründlich vermischen.

★ Die Eier jeweils in eine runde Form gießen und auf dem Grill anbraten.

★ Die Zwiebeln abziehen und in Ringe schneiden.

★ Für die Buns eine zweite Pfanne erhitzen, die Butter schmelzen lassen und die Buns darin kurz anrösten. Oder alternativ die Butter auf dem Grill schmelzen und die Buns bei 180 °C anrösten.

Buns

4 Buns (selbst gebacken oder vom
Bio-Bäcker)
50 g Butter

➡ *30 Minuten plus 1 Stunde*
20 Minuten Garzeit

Einmal durch den
Fleischwolf, fertig!

★ Den Bacon jeweils 1 Minute von beiden Seiten anbraten,
bis er knusprig ist.

★ Die Jalapeños waschen, putzen und klein schneiden.

★ Beide Bunhälften jeweils mit dem Tomatenrelish
bestreichen. Die untere Hälfte jeweils mit 2 Blättern Eisbergsalat und dem Patty belegen. Jeweils 2 Tomatenscheiben und
2 Zwiebelringe auflegen. Die Avocadomayonnaise daraufgeben, das Spiegelei auflegen und mit Jalapeños und Bacon
abschließen. Das obere Bun aufsetzen und servieren.

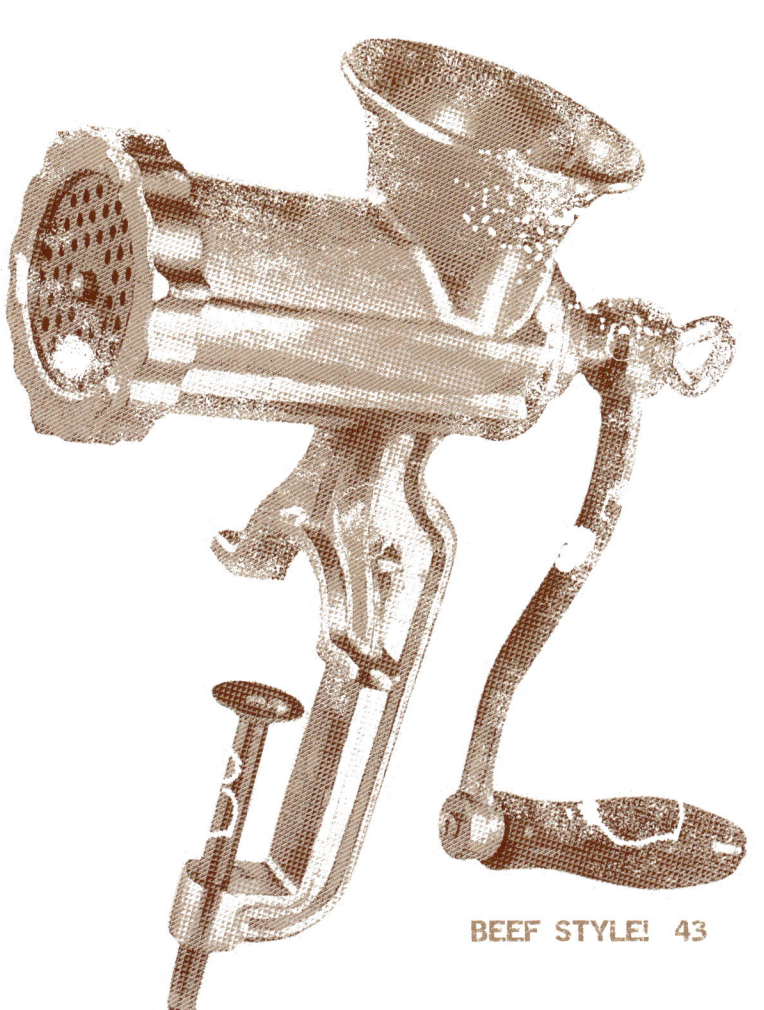

CHEESE-BURGER ★★★

Für 4 Personen

Pattys
500 g Bio-Rinderhack
(Fettanteil 20 %), am besten vom
Metzger frisch verwolft
Salz
schwarzer Pfeffer, frisch gemahlen
Öl zum Braten

Topping 1
150 g Irish Cheddar, in Scheiben
Klassiksauce:
2 Gewürzgurken
12 EL Ketchup
12 EL Mayonnaise
½ TL Rauchsalz

Topping 2
2 gelbe Zwiebeln
8 Blätter Eisbergsalat
8 Tomatenscheiben

Buns
4 Buns (selbst gebacken oder vom
Bio-Bäcker)
50 g Butter
Mayonnaise zum Bestreichen

**→ 15 Minuten plus
8 Minuten Garzeit**

→ Zubereitung

★ Den Grill auf 230 °C vorheizen oder eine Pfanne auf Stufe 6 erhitzen.

★ Das Rinderhackfleisch zu 4 Kugeln à 125 Gramm teilen. Die Kugeln zu flachen Pattys formen und kräftig mit Salz und Pfeffer würzen. Die Pattys auf dem leicht eingeölten Grill oder in einer Pfanne in wenig Öl von einer Seite 4 Minuten grillen. Dann wenden, jeweils 2 Scheiben Irish Cheddar auflegen und weitere 4 Minuten (medium) grillen.

★ Für die Klassiksauce die Gewürzgurken in kleine Würfel schneiden. Die Gurken in einer Schüssel mit Ketchup, Mayonnaise und dem Rauchsalz verrühren.

★ Die Zwiebeln abziehen und in Ringe schneiden.

★ Für die Buns eine Pfanne erhitzen, die Butter schmelzen lassen und die Buns darin kurz anrösten. Oder alternativ die Butter auf dem Grill schmelzen und die Buns bei 180 °C anrösten.

★ Die obere Bunhälfte jeweils mit Mayonnaise, die untere Hälfte mit der Klassiksauce bestreichen. Die Unterseite jeweils mit 2 Blättern Eisbergsalat und dem Patty samt Cheddar belegen. Auf das Patty jeweils 2 Tomatenscheiben und 2 Zwiebelringe auflegen. Dann das obere Bun aufsetzen und servieren.

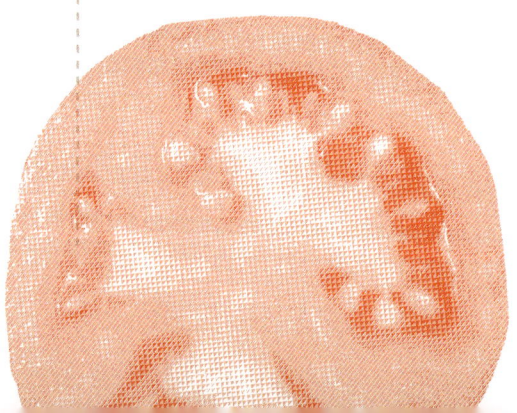

CHORIZO-BURGER ★★★

Für 4 Personen

Topping 1
Rotweinsauce:
1 rote Zwiebel
2 Knoblauchzehen
1 EL Olivenöl
2 TL brauner Zucker
60 ml Rotwein

Pattys
½ rote Spitzpaprika
100 g Chorizowurst
1 EL Petersilie, gehackt
500 g Bio-Rinderhack
(Fettanteil 20 %), am besten vom
Metzger frisch verwolft
Salz
schwarzer Pfeffer, frisch gemahlen
Chilipulver
Öl zum Braten

Buns
4 Buns (selbst gebacken / Bio-Bäcker)
50 g Butter

Topping 2
50 g Rucola
BBQ-Sauce (Seite 126)
8 Tomatenscheiben
2 gelbe Zwiebeln, in Ringen

→ **45 Minuten plus
40 Minuten Garzeit**

→ **Foto zum Rezept auf Seite 2**

→ Zubereitung

★ Zwiebel und Knoblauch abziehen, fein würfeln und in Olivenöl glasig andünsten. Den Zucker darüber streuen und kurz karamellisieren lassen. Sofort mit Rotwein ablöschen und um rund die Hälfte reduzieren. Die Sauce beiseitestellen.

★ Die Spitzpaprika bei direkter Hitze auf dem Grill oder über der Gasflamme rösten, bis die Haut schwarze Blasen wirft. Paprika anschließend in einen Gefrierbeutel geben und abkühlen lassen.

★ Die Chorizo in 5 Millimeter große Würfel schneiden. Abgekühlte Paprika häuten und die Kerne entfernen. Die Paprika anschließend fein würfeln. Hackfleisch, Chorizowürfel, Paprika und Petersilie gut vermischen und mit Salz, Pfeffer und Chilipulver würzen.

★ Den Grill auf 230 °C vorheizen oder eine Pfanne auf Stufe 6 erhitzen.

★ Die Hackfleischmischung zu 4 Kugeln à 125 Gramm teilen. Die Kugeln zu flachen Pattys formen und kräftig mit Salz und Pfeffer würzen. Die Pattys auf dem leicht eingeölten Grill oder in einer Pfanne in wenig Öl von beiden Seiten jeweils 4 Minuten (medium) grillen.

★ Für die Buns eine zweite Pfanne erhitzen, die Butter schmelzen lassen und die Buns darin kurz anrösten. Oder alternativ die Butter auf dem Grill schmelzen und die Buns bei 180 °C anrösten.

★ Die untere Bunhälfte jeweils mit ein paar Rucolablättern belegen, die Rotweinsauce daraufgeben und die Pattys daraufsetzen. Mit BBQ-Sauce bestreichen und jeweils 2 Tomatenscheiben und 2 Zwiebelringe auflegen. Das obere Bun aufsetzen und servieren.

GORGONZOLA- BURGER ★★★

Für 4 Personen

Topping 1
Feigensenf:
2 EL Senfkörner
1 Peperoncini (alternativ Chili)
500 g reife Feigen
2 EL Gelierfix
2 EL Zucker
Saft von ½ Zitrone
½ EL Senfpulver
1 EL grober Dijonsenf
1 TL weißer Pfeffer, frisch gemahlen
1 EL Balsamicoessig
1 TL Honig

Pattys
500 g Bio-Rinderhack
(Fettanteil 20 %), am besten vom
Metzger frisch verwolft
Salz
schwarzer Pfeffer, frisch gemahlen
Öl zum Braten

Topping 2
2 gelbe Zwiebeln (oder Honigzwiebeln)
150 g Gorgonzola
8 Blätter Eisbergsalat
8 Tomatenscheiben

Buns
4 Buns (selbst gebacken oder vom
Bio-Bäcker)
50 g Butter

→ **40 Minuten plus 15 Minuten
Garzeit und 12 Stunden Einweichzeit**

→ Zubereitung

★ Für den Feigensenf die Senfkörner über Nacht in Wasser einweichen, dann abgießen.

★ Peperoncini hacken. Die Feigen schälen und in einen Topf füllen. Gelierfix mit dem Zucker mischen und zugeben.

★ Zitronensaft, Senfpulver, Peperoncini, eingeweichte Senfkörner, Dijonsenf, weißer Pfeffer, Balsamicoessig und Honig hinzufügen und untermischen. Aufkochen und mindestens 4 Minuten unter ständigem Rühren sprudelnd kochen lassen, eventuell abschäumen.

★ Den Grill auf 230 °C vorheizen oder eine Pfanne auf Stufe 6 erhitzen.

★ Das Rinderhackfleisch zu 4 Kugeln à 125 Gramm teilen. Die Kugeln zu flachen Pattys formen und kräftig mit Salz und Pfeffer würzen. Die Pattys auf dem leicht eingeölten Grill oder in einer Pfanne in wenig Öl von beiden Seiten jeweils 4 Minuten (medium) grillen.

★ Die Zwiebeln abziehen und in Ringe schneiden.

★ Den Gorgonzola in Scheiben schneiden und in einer Pfanne auf beiden Seiten kurz anbraten. Anschließend den Käse auf das gegrillte Patty legen und mit etwas Feigensenf bestreichen.

★ Für die Buns eine zweite Pfanne erhitzen, die Butter schmelzen lassen und die Buns darin kurz anrösten.

★ Beide Bunhälften jeweils mit Feigensenf bestreichen. Die Unterseite jeweils mit 2 Blättern Eisbergsalat und dem Patty samt Gorgonzola belegen. Auf das Patty jeweils 2 Tomatenscheiben und 2 Zwiebelringe auflegen. Das obere Bun aufsetzen und servieren.

BIFTEKI-BURGER ★★★

Für 4 Personen

Pattys
1 Zwiebel
100 g glatte Petersilie
500 g Bio-Rinderhack
(Fettanteil 20 %), am besten vom
Metzger frisch verwolft
2 Eier
50 g Semmelbrösel
1 TL Oregano
1 TL edelsüßes Paprikapulver
Salz
schwarzer Pfeffer, frisch gemahlen
Öl zum Braten

Topping 1
100 g Fetakäse

Buns
4 Buns (selbst gebacken oder vom
Bio-Bäcker)
50 g Butter
Mayonnaise zum Bestreichen

Topping 2
Ketchup
Senf
8 Blätter Eisbergsalat

→ **40 Minuten plus
15 Minuten Garzeit**

→ Zubereitung

★ Die Zwiebel abziehen und klein schneiden.

★ Petersilie waschen, trockenschwenken, zupfen und die Blättchen fein hacken.

★ Das Rinderhackfleisch in eine Schüssel füllen. Eier, Petersilie, Semmelbrösel, Oregano, Paprikapulver und Zwiebeln zugeben und gründlich vermischen. Die Hackfleischmasse kräftig mit Salz und Pfeffer abschmecken.

★ Den Grill auf 230 °C vorheizen oder eine Pfanne auf Stufe 6 erhitzen.

★ Die Hackfleischmasse zu 4 Kugeln à 125 Gramm teilen und zu flachen Pattys formen. Die Pattys auf dem leicht eingeölten Grill oder in einer Pfanne in wenig Öl von einer Seite 4 Minuten grillen.

★ Den Fetakäse in kleine Würfel schneiden. Die Pattys wenden, mit dem Feta belegen und weitere 4 Minuten (medium) grillen.

★ Für die Buns eine Pfanne erhitzen, die Butter schmelzen lassen und die Buns darin kurz anrösten. Oder alternativ die Butter auf dem Grill schmelzen und die Buns bei 180 °C anrösten.

★ Die obere Bunhälfte jeweils mit Mayonnaise bestreichen. Die untere Hälfte jeweils mit Ketchup und Senf bestreichen und mit jeweils 2 Blättern Eisbergsalat und dem Patty samt Feta belegen. Das obere Bun aufsetzen und servieren.

Chili-Burger

Ei

Avocado

Birnen-Chutney

Paprika

Meersalz

Jalapeños

Bacon

Senfkörner

Irish Cheddar

Frühlingszwiebeln

Chorizo

BRIE-
BURGER ★★★

Für 4 Personen

Topping 1
Honigschaum mit Senf:
200 g Butter
1 Zwiebel
150 ml Weißwein
1 EL Orangenblütenhonig
1 TL schwarzer Pfeffer, grob zerstoßen
1 Lorbeerblatt
1 EL Senf
4 Eigelbe
1 TL abgeriebene Orangenschale
Salz
schwarzer Pfeffer, frisch gemahlen
Orangensaft

Pattys
500 g Bio-Rinderhack
(Fettanteil 20 %), am besten vom
Metzger frisch verwolft
Salz
schwarzer Pfeffer, frisch gemahlen
Öl zum Braten

Topping 2
150 g Brie
8 Blätter Eisbergsalat
8 Tomatenscheiben
2 gelbe Zwiebeln, in Ringen

Buns
4 Buns (selbst gebacken/Bio-Bäcker)
50 g Butter

→ **50 Minuten plus**
20 Minuten Garzeit

→ Zubereitung

★ Für den Honigschaum die Butter schmelzen und wieder abkühlen lassen.

★ Die Zwiebel abziehen und klein schneiden. Zwiebeln, Weißwein, Honig, zerstoßener Pfeffer und das Lorbeerblatt in einen Topf geben. Die Mischung zum Kochen bringen und auf 75 Milliliter einkochen lassen. Durch ein Sieb streichen und den Senf einrühren. Die Eigelbe und den Orangenabrieb in die abgekühlte Reduktion rühren und anschließend auf dem Wasserbad schaumig schlagen.

★ Nach und nach die geschmolzene Butter einrühren. Mit Salz, Pfeffer und Orangensaft abschmecken.

★ Den Grill auf 230 °C vorheizen oder eine Pfanne auf Stufe 6 erhitzen.

★ Das Rinderhackfleisch zu 4 Kugeln à 125 Gramm teilen. Die Kugeln zu flachen Pattys formen und kräftig mit Salz und Pfeffer würzen. Die Pattys auf dem leicht eingeölten Grill oder in einer Pfanne in wenig Öl von beiden Seiten jeweils 4 Minuten (medium) grillen.

★ Den Brie in Scheiben schneiden und in einer Pfanne auf beiden Seiten kurz anbraten. Anschließend den Käse auf das gegrillte Patty legen und mit etwas Honigschaum bestreichen.

★ Für die Buns eine zweite Pfanne erhitzen, die Butter schmelzen lassen und die Buns darin kurz anrösten.

★ Beide Bunhälften jeweils mit Honigschaum bestreichen. Die Unterseite jeweils mit 2 Blättern Eisbergsalat und dem Patty samt Brie belegen. Auf das Patty jeweils 2 Tomatenscheiben und 2 Zwiebelringe auflegen. Das obere Bun aufsetzen und servieren.

BÜFFELMOZZARELLA-BURGER ★★★

Für 4 Personen

Topping 1
150 g Büffelmozzarella
8 Tomaten
Salz
schwarzer Pfeffer, frisch gemahlen

Pattys
500 g Bio-Rinderhack
(Fettanteil 20 %), am besten vom
Metzger frisch verwolft
Salz
schwarzer Pfeffer, frisch gemahlen
Öl zum Braten

Buns
4 Buns (selbst gebacken oder vom
Bio-Bäcker)
50 g Butter
Mayonnaise zum Bestreichen

Topping 2
Pesto alla genovese zum Bestreichen
(Seite 132)
8 Blätter Eisbergsalat

→ **30 Minuten plus
8 Minuten Garzeit**

→ Zubereitung

★ Den Büffelmozzarella in dünne Scheiben schneiden.

★ Tomaten waschen, putzen und in kleine Würfel schneiden.

★ Den Grill auf 230 °C vorheizen oder eine Pfanne auf Stufe 6 erhitzen.

★ Das Rinderhackfleisch zu 4 Kugeln à 125 Gramm teilen. Die Kugeln zu flachen Pattys formen und kräftig mit Salz und Pfeffer würzen.

★ Die Pattys auf dem leicht eingeölten Grill oder in einer Pfanne in wenig Öl von beiden Seiten jeweils 4 Minuten (medium) grillen. Während der zweiten Grillzeit auf das Patty nach 3 Minuten jeweils 2 Mozzarellascheiben legen. Wenn der Mozzarella geschmolzen ist, mit Salz und Pfeffer würzen.

★ Für die Buns eine Pfanne erhitzen, die Butter schmelzen lassen und die Buns darin kurz anrösten. Oder alternativ die Butter auf dem Grill schmelzen und die Buns bei 180 °C anrösten.

★ Die obere Bunhälfte jeweils mit dem Pesto bestreichen. Die untere Hälfte jeweils mit Mayonnaise bestreichen. Die Unterseite jeweils mit 2 Blättern Eisbergsalat, gewürfelten Tomaten und dem Patty samt Mozzarella belegen. Das obere Bun aufsetzen und servieren.

STEAK-BURGER ★★★

Für 4 Personen

Steaks
1 Zwiebel
2 Knoblauchzehen
4 EL Olivenöl
1 kleine rote Chilischote, entkernt und
fein gehackt (nach Geschmack)
4 Rindersteaks à 130 g
Öl zum Braten
Salz

Topping 1
120 g Quark
60 g Crème fraîche
60 g Mayonnaise
60 g Ketchup
Salz
schwarzer Pfeffer, frisch gemahlen
2 TL Zucker
2 Stängel Blattpetersilie
½ Bund Schnittlauch

Buns
4 Buns (selbst gebacken oder vom
Bio-Bäcker)
50 g Butter

Topping 2
8 Blätter Eisbergsalat
8 Tomatenscheiben
schwarzer Pfeffer, frisch gemahlen

→ *20 Minuten plus 2 Stunden
Marinierzeit und 8 Minuten Garzeit*

→ Zubereitung

★ Zwiebel und Knoblauch abziehen und fein würfeln.
Olivenöl, Zwiebeln, Knoblauch und Chili in einer Schale
vermischen.

★ Die Steaks auf ein Brett legen, mit der Marinade großzügig
bestreichen und 2 Stunden zugedeckt marinieren.

★ Quark und Crème fraîche in eine Schüssel geben.
Mayonnaise und Ketchup hinzufügen und verrühren. Mit
Salz, Pfeffer und Zucker kräftig würzen.

★ Petersilie und Schnittlauch waschen und trockenschütteln.
Petersilie zupfen und die Blättchen fein hacken. Den Schnitt-
lauch in feine Röllchen schneiden. Die Kräuter unter die
Quarkmischung rühren.

★ Den Grill auf 230 °C vorheizen oder eine Pfanne auf Stufe 6
erhitzen.

★ Die Steaks auf dem leicht eingeölten Grill oder in einer
Pfanne in wenig Öl von beiden Seiten etwa 3 bis 4 Minuten
grillen und mit etwas Salz würzen.

★ Für die Buns eine Pfanne erhitzen, die Butter schmelzen
lassen und die Buns darin anrösten. Oder alternativ die Butter
auf dem Grill schmelzen und die Buns bei 180 °C anrösten.

★ Beide Bunhälften jeweils mit der Quarksauce bestreichen.
Die Unterseite jeweils mit 2 Blättern Eisbergsalat, je 1 Steak
und jeweils 2 Tomatenscheiben belegen. Die restliche Sauce
darauf verteilen und mit etwas schwarzem Pfeffer bestreuen.
Das obere Bun aufsetzen und servieren.

KÜRBIS-BURGER ★★★

Für 4 Personen

Topping 1
1 kleiner Hokkaido-Kürbis
4 TL Kürbiskernöl
Salz
schwarzer Pfeffer, frisch gemahlen

Pattys
600 g Bio-Rinderhackfleisch
(Fettanteil 20 %), möglichst etwas
grober und am besten vom Metzger
frisch verwolft
Salz
schwarzer Pfeffer, frisch gemahlen
1 TL Cayennepfeffer
Olivenöl und Butter zum Braten

Topping 2
4 Scheiben kräftiger Bergkäse
4 reife Feigen
4 TL Ketchup
4 Salatblätter
12 Rucolablättchen

Buns
4 Buns (selbst gebacken oder vom
Bio-Bäcker)
50 g Butter

→ **20 Minuten plus
13 Minuten Garzeit**

→ Zubereitung

★ Den Backofen auf 180 °C (Umluft 160 °C, Gas Stufe 2-3) vorheizen. Ein Backblech mit Backpapier auslegen.

★ Den Kürbis waschen, halbieren und die Kerne und das faserige Fruchtfleisch herausschaben.

★ Den Kürbis in sehr feine Scheiben schneiden oder hobeln. Die Kürbisscheiben auf dem Backblech ausbreiten, mit Kürbiskernöl bepinseln, salzen und pfeffern und bei 180 °C im vorgeheizten Backofen etwa 8 bis 10 Minuten backen.

★ Den Grill auf 230 °C vorheizen oder eine Pfanne auf Stufe 6 erhitzen.

★ Das Rinderhackfleisch mit Salz, Pfeffer und Cayennepfeffer würzen und zu 4 Kugeln à 150 Gramm teilen. Die Kugeln zu Pattys formen und zwischen 2 Schichten Klarsichtfolie auf die Größe der Buns ausrollen.

★ Die Pattys auf dem leicht eingeölten Grill oder in einer Pfanne in wenig Öl und Butter von einer Seite 4 Minuten (medium) grillen. Dann wenden, jeweils 1 Scheibe Bergkäse auflegen und weitere 4 Minuten grillen.

★ Für die Buns eine Pfanne erhitzen, die Butter schmelzen lassen und die Buns darin kurz anrösten. Oder alternativ die Butter auf dem Grill schmelzen und die Buns bei 180 °C anrösten.

★ Die Feigen waschen, putzen und in Scheiben schneiden.

★ Die Bunhälften jeweils mit Ketchup bestreichen. Die Unterseite jeweils mit einem Salatblatt, den Feigen, dem Patty samt Bergkäse, Rucola und Kürbischips belegen. Das obere Bun aufsetzen und servieren.

PARMESAN-BURGER ★★★

Für 4 Personen

Topping 1
6 reife Strauchtomaten
20 ml Olivenöl
1 TL Aceto balsamico
1 TL Zucker

Pattys
2 Schalotten
600 g Bio-Rinderhackfleisch
(Fettanteil 20 %), möglichst etwas
grober und am besten vom Metzger
frisch verwolft
3 EL Sojasauce
1 Eigelb
20 g Parmesan, frisch gerieben
schwarzer Pfeffer, frisch gemahlen
Öl zum Braten

Topping 2
60 g reifer Cheddar, frisch gerieben
1 TL Brunnenkresse
2 Gewürzgurken, in Scheiben

Buns
4 Buns (selbst gebacken oder vom
Bio-Bäcker)
50 g Butter

➞ **20 Minuten plus**
20 Minuten Kühlzeit und
1 Stunde 20 Minuten Garzeit

➞ Zubereitung

★ Den Ofen auf 160 °C (Umluft 140 °C, Gas Stufe 1-2) vorheizen.

★ Die Tomaten waschen, halbieren und den Strunk entfernen. Tomatenhälften in eine feuerfeste Form füllen. Mit Olivenöl und Aceto balsamico beträufeln. Den Zucker darüberstreuen und die Tomaten 1 Stunde im vorgeheizten Backofen bei 160 °C rösten.

★ Für die Pattys die Schalotten abziehen und fein würfeln.

★ Hackfleisch, Schalotten, Sojasauce, Eigelb und Parmesan in einer Schüssel mit etwas Pfeffer vermengen. Die Masse zu 4 Kugeln à 150 Gramm teilen, zu flachen Pattys formen und etwa 20 Minuten im Kühlschrank abkühlen lassen.

★ Den Grill auf 230 °C vorheizen oder eine Pfanne auf Stufe 6 erhitzen. Die Pattys auf dem leicht eingeölten Grill oder in einer Pfanne in wenig Öl von beiden Seiten jeweils 5 bis 6 Minuten grillen.

★ Den geriebenen Cheddar auf den Pattys verteilen und noch einige Minuten grillen.

★ Für die Buns eine Pfanne erhitzen, die Butter schmelzen lassen und die Buns darin kurz anrösten. Oder alternativ die Butter auf dem Grill schmelzen und die Buns bei 180 °C anrösten.

★ Die untere Bunhälfte jeweils mit einem Patty samt Cheddar belegen und etwas Brunnenkresse daraufgeben. Mit den gerösteten Tomaten und den Gewürzgurken belegen. Das obere Bun aufsetzen und servieren.

DOUBLE BURGER ★★★

Für 4 Personen

Pattys
1000 g Bio-Rinderhack
(Fettanteil 20 %), am besten vom
Metzger frisch verwolft
Salz
schwarzer Pfeffer, frisch gemahlen
Öl zum Braten

Topping 1
Klassiksauce:
4 Gewürzgurken
12 EL Ketchup
12 EL Mayonnaise
½ TL Rauchsalz

Topping 2
2 gelbe Zwiebeln
8 Blätter Eisbergsalat
8 Tomatenscheiben

Buns
4 Buns (selbst gebacken oder vom
Bio-Bäcker)
50 g Butter
Mayonnaise zum Bestreichen

→ **20 Minuten plus
8 Minuten Garzeit**

→ **Foto zum Rezept auf dem
Buchcover (Mitte)**

→ Zubereitung

★ Den Grill auf 230 °C vorheizen oder eine Pfanne auf Stufe 6 erhitzen.

★ Das Rinderhackfleisch zu 8 Kugeln à 125 Gramm teilen. Die Kugeln zu flachen Pattys formen und kräftig mit Salz und Pfeffer würzen. Die Pattys auf dem leicht eingeölten Grill oder in einer Pfanne in wenig Öl von beiden Seiten jeweils 4 Minuten (medium) grillen.

★ Für die Klassiksauce die Gewürzgurken in kleine Würfel schneiden. Gurkenwürfel in einer Schüssel mit Ketchup, Mayonnaise und dem Rauchsalz verrühren.

★ Dic Zwiebeln abziehen und in Ringe schneiden.

★ Für die Buns eine Pfanne erhitzen, die Butter schmelzen lassen und die Buns darin kurz anrösten. Oder alternativ die Butter auf dem Grill schmelzen und die Buns bei 180 °C anrösten.

★ Die obere Bunhälfte jeweils mit Mayonnaise, die untere Hälfte mit der Klassiksauce bestreichen. Die Unterseite jeweils mit 2 Blättern Eisbergsalat und 2 Pattys belegen. Auf die Pattys jeweils 2 Tomatenscheiben und 2 Zwiebelringe auflegen. Das obere Bun aufsetzen und servieren.

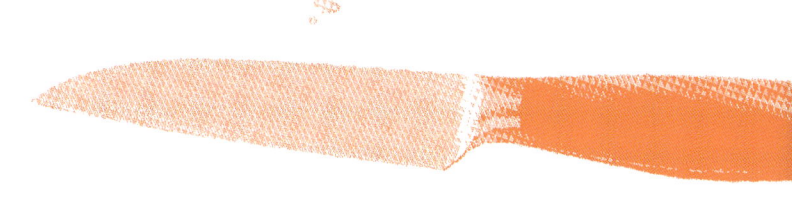

BURGER Delight!

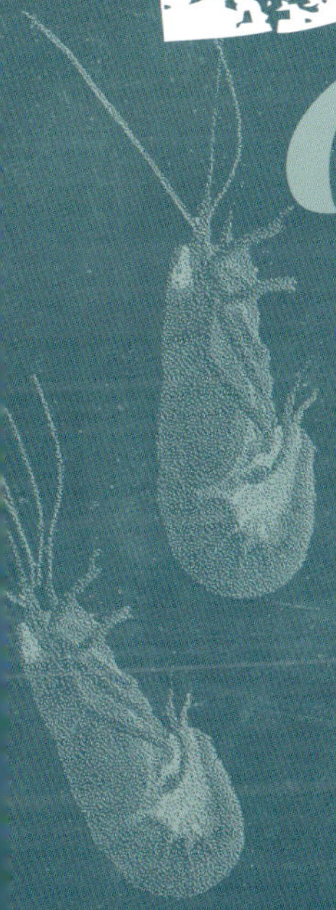

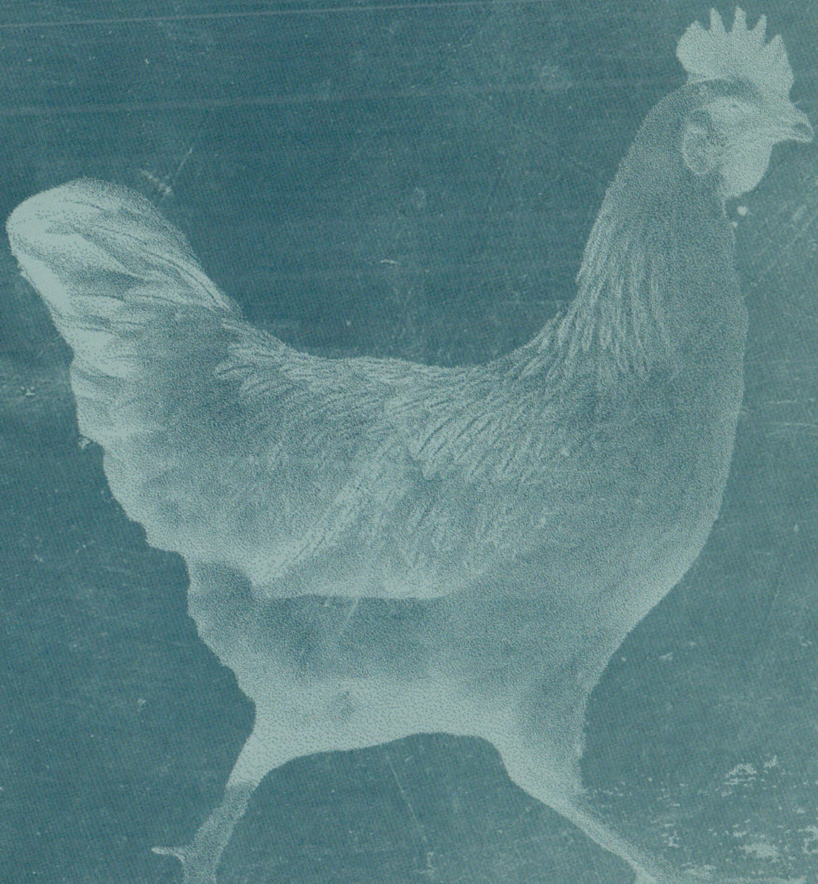

KABELJAU-BURGER ★★★

Für 4 Personen

Topping

Tomatensalsa:
450 g reife Tomaten
1 gestrichener TL Estragonsenf
1 TL Zitronensaft
1 EL Petersilie, gehackt
1 EL Estragon, gehackt
1 EL Weinbrand
Tabascosauce
Salz
schwarzer Pfeffer, frisch gemahlen

Kabeljau

1 Knoblauchzehe
2 EL Olivenöl oder Chiliöl
2 EL Zitronensaft
1 rote Chilischote
600 g Kabeljau (4 Filets à 150 g)
Olivenöl zum Bestreichen

Buns

4 Buns (selbst gebacken oder vom
Bio-Bäcker)
50 g Butter

 → 20 Minuten plus
20 Minuten Garzeit

→ Zubereitung

★ Die Tomaten waschen, putzen und sehr fein würfeln.
Zerkleinerte Tomaten mit Senf, Zitronensaft, Petersilie,
Estragon und Weinbrand mischen. Mit Tabasco, Salz und
Pfeffer pikant würzen.

★ Für den Kabeljau Knoblauch abziehen und in eine Schüssel
pressen. Öl und Zitronensaft zugeben. Chilischote waschen,
entkernen, fein schneiden und zur Marinade geben.

★ Kabeljau waschen und mit Küchenpapier trocknen.
Ein großzügiges Stück Alufolie zuschneiden und auf der
glänzenden Seite mit Olivenöl bestreichen. Den Fisch daraufsetzen und mit einem Teil der Marinade bepinseln.

★ Den Grill auf 140-160 °C erhitzen – er sollte für Fisch nicht
zu heiß sein. Lieber langsamer, dafür aber gleichmäßig grillen.

★ Kabeljau samt Alufolie auf den Grill legen und die Kanten
der Folie einschlagen. Den Kabeljau auf beiden Seiten jeweils
10 Minuten grillen und währenddessen mit dem Rest der
Chilimarinade beträufeln.

★ Für die Buns eine Pfanne erhitzen, die Butter schmelzen
lassen und die Buns darin anrösten. Oder alternativ die Butter
auf dem Grill schmelzen und die Buns bei 180 °C anrösten.

★ Die untere Bunhälfte jeweils mit Tomatensalsa bestreichen
und jeweils 1 Stück Kabeljau darauflegen. Mit Salz und Pfeffer
würzen, das obere Bun aufsetzen und servieren.

SCAMPI-BURGER ★★★

Für 4 Personen

Scampi
500 g rohe Scampi
2 EL Zitronensaft
1 EL Sesamsaat
90 g frische Weißbrotbrösel
2 EL Koriandergrün, fein gehackt
1 Ei
2 TL Chilisauce
Mehl zum Bestäuben
3 EL Olivenöl

Topping 1
Cocktailsauce:
1 Frühlingszwiebel
80 ml Mayonnaise
1 EL Tomatensauce
1 TL Worcestershiresauce
1 TL Chilisauce
1 EL Zitronensaft

Buns
4 Buns (selbst gebacken/Bio-Bäcker)
50 g Butter

Topping 2
1 kleines Bund Brunnenkresse
4 Blätter Lollo Bionda
1 Avocado, in Scheiben
schwarzer Pfeffer, frisch gemahlen
einige Dillspitzen zum Anrichten

→ 30 Minuten plus 8 Minuten Kühlzeit und 3 Minuten Garzeit

→ Foto zum Rezept auf dem Buchcover (links)

→ Zubereitung

★ Die Scampi schälen, mit einem scharfen Messer am Rücken einschneiden und den Darm entfernen. Scampi leicht flach drücken und mit Zitronensaft beträufeln.

★ Sesam, Weißbrotbrösel und Koriandergrün mischen und auf einem Stück Pergamentpapier verteilen.

★ Ei und Chilisauce in eine Schüssel geben und verrühren.

★ Die Scampi mit Mehl bestäuben und überschüssiges Mehl abklopfen. Dann in die Eimischung tauchen und zuletzt in der Brösel-Koriander-Mischung wälzen. Die Scampi 8 Minuten abgedeckt kalt stellen.

★ Für die Cocktailsauce die Frühlingszwiebel waschen, putzen und fein schneiden. Mayonnaise, Frühlingszwiebel, Tomaten-, Worcestershire- und Chilisauce sowie Zitronensaft in eine Schüssel geben und verrühren.

★ Das Olivenöl in einer Pfanne erhitzen. Scampis darin bei mittlerer Hitze unter Wenden 2 bis 3 Minuten anbraten. Zum Abtropfen auf Küchenpapier legen.

★ Für die Buns eine Pfanne erhitzen, die Butter schmelzen lassen und die Buns darin anrösten. Oder alternativ die Butter auf dem Grill schmelzen und die Buns bei 180 °C anrösten.

★ Brunnenkresse waschen, trockenschwenken und zupfen.

★ Die untere Bunhälfte jeweils mit 1 Salatblatt, Brunnenkresseblättchen und Avocadoscheiben belegen. Mit frisch gemahlenem Pfeffer würzen. Je 2 Scampi und etwas Cocktailsauce hinzufügen. Das obere Bun aufsetzen, mit Dillspitzen dekorieren und servieren.

LACHS-
BURGER ★★★

Für 4 Personen

Pattys
2 Schalotten
1 kleines Stück frischer Ingwer
600 g Lachsfilet ohne Haut
1 TL Sojasauce
2 TL frisches Zitronengras, fein
geschnitten
2 gestrichene TL Dijonsenf
½ TL Sesamöl
1 EL Sesamsaat
100 g grobe Semmelbrösel
1 TL Meersalz
schwarzer Pfeffer, frisch gemahlen
1 Prise Cayennepfeffer
Erdnussöl zum Braten

Buns
4 Buns (selbst gebacken oder vom
Bio-Bäcker)
50 g Butter
Mayonnaise zum Bestreichen
1 Handvoll Babyspinatblätter

**→ 30 Minuten plus
6 Minuten Garzeit**

→ Zubereitung

★ Die Schalotten abziehen und klein schneiden. Den Ingwer schälen und klein schneiden.

★ Lachs waschen und in grobe Stücke schneiden. Ein Viertel der Portion in einen Standmixer geben. Schalotten, Sojasauce, Ingwer, Zitronengras, Dijonsenf und Sesamöl hinzufügen und zu einer feinen Paste pürieren.

★ Den Sesam in einer Pfanne ohne Fett leicht anrösten.

★ Den restlichen Lachs in den Standmixer geben und mit der Pulstaste zerkleinern, sodass der Lachs gehackt, jedoch nicht fein püriert ist.

★ Die Lachsmasse in eine Schüssel geben. Semmelbrösel, Sesam, Salz, Pfeffer und Cayennepfeffer hinzufügen und gut durchmischen. Die Masse zu 4 gleich großen Pattys formen.

★ Den Grill auf 230 °C vorheizen oder eine Pfanne auf Stufe 6 erhitzen.

★ Die Pattys auf dem leicht eingeölten Grill oder in einer Pfanne in wenig Öl von beiden Seiten jeweils 3 Minuten braten. Die Pattys sollten ganz durch und außen knusprig sein, zur Probe am besten anschneiden und die Innenseite überprüfen.

★ Für die Buns eine Pfanne erhitzen, die Butter schmelzen lassen und die Buns darin anrösten. Oder alternativ die Butter auf dem Grill schmelzen und die Buns bei 180 °C anrösten.

★ Beide Bunhälften jeweils mit Mayonnaise bestreichen. Die Unterseite jeweils mit einem Patty belegen, Babyspinatblätter daraufgeben. Das obere Bun aufsetzen und servieren.

Knoblauch

Kabeljau

OLIVENÖL

Eisbergsalat

THYMIAN SAHNE

Mango

Truthahn

Geflügelfond

MEERSALZ

KREUZKÜMMEL

Lamm

KORIANDER

SEELACHS-WASABI-BURGER ★★★

Für 4 Personen

Topping
Wasabimayonnaise:
1 Ei
Salz
1 TL Dijonsenf
150 ml neutrales Pflanzenöl
1 TL Wasabipaste (jap. Meerrettich)
1 EL Crème fraîche
schwarzer Peffer, frisch gemahlen
1 Spritzer Limettensaft
Ahornsirup
1 EL Koriandergrün, gehackt
1 Stück Salatgurke, in Scheiben

Pattys
40 g Toastbrot
150 g Sahne
1 Schalotte
1 Knoblauchzehe
Butter zum Braten
1 EL Kapern
1 EL glatte Petersilie, gehackt
1 EL Schnittlauchröllchen
600 g Seelachsfilet
1 TL Salz
½ TL abgeriebene Zitronenschale
1 TL Senf
Cayennepfeffer

Buns
4 Buns (selbst gebacken/Bio-Bäcker)
50 g Butter

➞ **35 Minuten plus
10 Minuten Garzeit**

➞ Zubereitung

★ Für die Wasabimayonnaise das Ei, etwas Salz und den Senf in einen hohen Rührbecher füllen und mit einem Pürierstab cremig verarbeiten. Das Öl in dünnem Strahl zugeben und unterschlagen. Wasabipaste und Crème fraîche unterrühren und die Mayonnaise mit Salz, Pfeffer, Limettensaft und Ahornsirup abschmecken. Koriandergrün unterrühren.

★ Für die Pattys das Toastbrot entrinden, zerpflücken und in der Sahne einweichen.

★ Schalotte und Knoblauch abziehen und fein würfeln. Butter erhitzen und die Schalotten und den Knoblauch darin kurz andünsten. Zum Abkühlen in eine Rührschüssel füllen.

★ Die Kapern hacken. Petersilie, Schnittlauchröllchen und Kapern in die Rührschüssel geben.

★ Das Fischfilet waschen, ein Drittel fein würfeln und zur Schalottenmischung geben. Den restlichen Fisch grob würfeln und in einen Standmixer füllen. Das eingeweichte Toastbrot hinzufügen und im Mixer fein pürieren.

★ Den pürierten Fisch, Salz, Zitrusabrieb und Senf zur Schalottenmischung geben und alles gründlich vermengen. Mit Cayennepfeffer abschmecken. Aus der Masse mit angefeuchteten Händen 8 Pattys formen und in heißer Butter von jeder Seite etwa 5 Minuten braten.

★ Für die Buns eine Pfanne erhitzen, die Butter schmelzen lassen und die Buns darin kurz anrösten.

★ Die untere Bunhälfte jeweils mit Wasabimayonnaise bestreichen. Dann mit Gurkenscheiben und jeweils 2 Pattys belegen und mit Wasabimayonnaise garnieren. Das obere Bun aufsetzen und servieren.

THUNFISCH-BURGER ★★★

Für 4 Personen

Topping 1
Kräutermayonnaise:
3 Knoblauchzehen
Salz
2 Eigelbe
250 ml Olivenöl
2 TL körniger Senf
1 EL Zitronensaft
1 EL Weißweinessig
2 EL Petersilie, gehackt
2 EL Dill, gehackt
4 Sardellenfilets in Öl

Thunfischsteaks
4 Thunfischsteaks à 150 g
Erdnussöl zum Braten

Topping 2
2 Zwiebeln
Öl zum Braten
100 g Rucola
Salz
schwarzer Pfeffer, frisch gemahlen

Buns
4 Buns (selbst gebacken oder vom Bio-Bäcker)
50 g Butter

→ **20 Minuten plus 8 Minuten Garzeit**

→ Zubereitung

★ Den Backofen auf 100 °C (Ober-/Unterhitze) vorheizen.

★ Für die Kräutermayonnaise Knoblauch abziehen und mit etwas Salz auf einem Brett zerreiben.

★ Knoblauch und Eigelbe in einem Standmixer pürieren. Langsam das Öl zugießen. Senf, Zitronensaft, Essig, Kräuter und die Sardellenfilets hinzufügen und untermixen. Die Kräutermayonnaise kalt stellen.

★ Den Grill auf 230 °C vorheizen oder eine Pfanne auf Stufe 6 erhitzen.

★ Die Thunfischsteks auf dem leicht eingeölten Grill oder in einer Pfanne in wenig Öl von beiden Seiten jeweils 4 Minuten grillen. Anschließend herausnehmen und im vorgeheizten Backofen warm stellen.

★ Die Zwiebeln abziehen, in Ringe schneiden und in etwas Öl anbraten.

★ Rucola waschen, trockenschwenken und zupfen.

★ Für die Buns eine Pfanne erhitzen, die Butter schmelzen lassen und die Buns darin anrösten. Oder alternativ die Butter auf dem Grill schmelzen und die Buns bei 180 °C anrösten.

★ Beide Bunhälften jeweils mit Kräutermayonnaise bestreichen. Die Unterseite jeweils mit Rucolablättchen, einem Thunfischsteak und angebratenen Zwiebeln belegen. Salzen und den Pfeffer darübermahlen, das obere Bun aufsetzen und servieren.

TRUTHAHN-
BURGER ★★★

Für 4 Personen

Pattys
½ große Zwiebel
500 g Truthahnhackfleisch
½ TL Currypulver
1 Eiweiß
Salz
schwarzer Pfeffer, frisch gemahlen
Öl zum Braten

Topping 1
Currymayonnaise:
250 ml Mayonnaise
½ TL Currypulver

Buns
4 Buns (selbst gebacken oder vom
Bio-Bäcker)
50 g Butter

Topping 2
8 Blätter Eisbergsalat
4 Tomatenscheiben (nach Geschmack)
100 g Cheddarkäse, in Scheiben

→ **20 Minuten plus
10 Minuten Garzeit**

→ Zubereitung

★ Die Zwiebel abziehen und sehr fein schneiden.

★ Truthahnhackfleisch in eine Schüssel geben. Currypulver, Eiweiß und Zwiebeln zugeben und gründlich untermischen. Die Masse mit Salz und Pfeffer würzen und zu 4 gleich großen Pattys formen.

★ Den Grill auf 230 °C vorheizen oder eine Pfanne auf Stufe 6 erhitzen.

★ Die Pattys auf dem leicht eingeölten Grill oder in einer Pfanne in wenig Öl von beiden Seiten jeweils 5 Minuten bei mittlerer Hitze grillen, bis die Pattys gar sind.

★ Für die Currymayonnaise die Mayonnaise mit dem Currypulver mischen und anschließend kalt stellen.

★ Für die Buns eine Pfanne erhitzen, die Butter schmelzen lassen und die Buns darin anrösten. Oder alternativ die Butter auf dem Grill schmelzen und die Buns bei 180 °C anrösten.

★ Den Eisbergsalat waschen, trockenschwenken und in Streifen schneiden.

★ Beide Bunhälften jeweils mit Currymayonnaise bestreichen. Die Unterseite jeweils mit etwas gehacktem Salat (nach Geschmack auch mit je 1 Tomatenscheibe), 1 Patty und jeweils 1 Scheibe Cheddar belegen. Mit Currymayonnaise garnieren, das obere Bun aufsetzen und servieren.

PUTEN-BURGER ★★★

Für 4 Personen

Pattys
1 mittelgroße Zwiebel
1 Knoblauchzehe
1 TL Butter
150 g Ketchup
50 ml Geflügelfond
1 EL Worcestershiresauce
1 TL Thymianblättchen
500 g Putenhackfleisch
1 mittelgroßes Ei
50 g Semmelbrösel
75 g Gouda, gerieben

Buns
4 Buns (selbst gebacken oder vom
Bio-Bäcker)
50 g Butter

Topping
4 Blätter Eisbergsalat
4 Tomatenscheiben

→ **25 Minuten plus
20 Minuten Garzeit**

→ Zubereitung

★ Zwiebel und Knoblauch abziehen und klein schneiden. Eine Pfanne erhitzen und die Butter hinzufügen. Zwiebeln und Knoblauch dazugeben und anbraten, bis sie glasig sind.

★ Ketchup, Geflügelfond, Worcestershiresauce und Thymianblättchen zufügen. Die Mischung 10 Minuten köcheln und anschließend abkühlen lassen.

★ Das Putenhackfleisch in eine Schüssel geben. Ei, Semmelbrösel und die Hälfte der Zwiebel-Ketchup-Mischung zugeben und gut untermischen.

★ Aus der Masse 4 Buletten formen und jeweils eine Mulde in die Mitte drücken. Jeweils etwas geriebenen Gouda in die Mulde füllen, mit Hackfleisch bedecken und rund zu nicht allzu flachen Pattys formen.

★ Den Grill auf 230 °C vorheizen oder eine Pfanne auf Stufe 6 erhitzen.

★ Die Pattys von beiden Seiten jeweils 5 Minuten bei mittlerer Hitze grillen.

★ Für die Buns eine Pfanne erhitzen, die Butter schmelzen lassen und die Buns darin anrösten. Oder alternativ die Butter auf dem Grill schmelzen und die Buns bei 180 °C anrösten.

★ Die untere Bunhälfte jeweils mit 1 Salatblatt und dem Patty belegen, dann die restliche Ketchup-Zwiebel-Mischung daraufgeben. Mit einer Tomatenscheibe garnieren, das obere Bun aufsetzen und servieren.

CHICKEN-BURGER ★★★

Für 4 Personen

Pattys
1 Knoblauchzehe
1 Frühlingszwiebel
600 g Hähnchenbrustfilet
1 EL Semmelbrösel
1 Ei
Salz
schwarzer Pfeffer, frisch gemahlen
Öl zum Braten

Topping 1
Cesar's Dressing:
6 EL Mayonnaise
1 TL Senf
1 Knoblauchzehe
Saft von 1 Zitrone
30 g Parmesan, gerieben

Buns
4 Buns (selbst gebacken oder vom
Bio-Bäcker)
50 g Butter
Senf zum Bestreichen

Topping 2
4 Blätter Eisbergsalat
4 Tomatenscheiben

**→ 30 Minuten plus
8 Minuten Garzeit**

→ Zubereitung

★ Knoblauch abziehen und fein würfeln. Frühlingszwiebel waschen, putzen und fein schneiden.

★ Das Hähnchenbrustfilet fein würfeln, in einen Standmixer geben und pulsierend hacken.

★ Hähnchenmasse in eine Schüssel füllen. Semmelbrösel, Ei, Knoblauch und Frühlingszwiebel zugeben und mischen. Mit Salz und Pfeffer würzen, gut vermischen und die Masse zu 4 gleich großen Pattys formen.

★ Für das Cesar's Dressing Mayonnaise und Senf verrühren. Knoblauch abziehen und dazupressen. Zitronensaft und geriebenen Parmesan unterrühren. Anschließend das Dressing kalt stellen.

★ Den Grill auf 230 °C vorheizen oder eine Pfanne auf Stufe 6 erhitzen.

★ Die Pattys auf dem leicht eingeölten Grill oder in einer Pfanne in wenig Öl von beiden Seiten bei hoher Hitze jeweils 4 Minuten grillen. Dann die Hitze reduzieren, die Pattys wenden und weitere 4 Minuten grillen.

★ Für die Buns eine Pfanne erhitzen, die Butter schmelzen lassen und die Buns darin anrösten. Oder alternativ die Butter auf dem Grill schmelzen und die Buns bei 180 °C anrösten.

★ Die obere Bunhälfte jeweils mit Cesar's Dressing bestreichen. Die Unterseite mit Senf bestreichen. Mit jeweils 1 Salatblatt und 1 Patty belegen. Auf das Patty jeweils 1 Tomatenscheibe geben, das obere Bun aufsetzen und servieren.

CRISPY-CHICKEN-
BURGER ★★★

Für 4 Personen

Pattys
600 g Hähnchenbrustfilet
2 Eier
Milch
Salz
schwarzer Pfeffer, frisch gemahlen
200 g ungesüße Cornflakes
100 g Semmelbrösel
1 TL Currypulver
1 TL Paprikapulver
Öl zum Braten

Topping 1
Chilimayonnaise:
4 Eigelbe
400 ml Öl
2 EL fruchtiger Essig
2 TL Senf
2 TL Zucker
2 Prisen rosenscharfes Paprikapulver
Chilipulver oder Chiliflocken
Salz
schwarzer Pfeffer, frisch gemahlen

Buns
4 Buns (selbst gebacken oder vom
Bio-Bäcker)
50 g Butter

Topping 2
4 Blätter Eisbergsalat
4 Tomatenscheiben

→ 30 Minuten plus
10 Minuten Garzeit

→ Zubereitung

★ Das Hähnchenbrustfilet ausbreiten und in 4 Zentimeter breite Streifen schneiden.

★ Die Eier in einen Teller aufschlagen und mit etwas Milch, Salz und Pfeffer verrühren.

★ Die Cornflakes in einen Gefrierbeutel füllen und zerdrücken – die einzelnen Flakes sollen nicht größer als 0,5 Millimeter sein. Cornflakes, Semmelbrösel, Currypulver und Paprikapulver in einem tiefen Teller vermischen.

★ Für die Chilimayonnaise Eigelbe und Öl in einen hohen Rührbecher geben. Essig, Senf, Zucker und Paprikapulver hinzufügen. Den Pürierstab hineinhalten, anstellen und langsam von unten nach oben ziehen. Die Mayonnaise mit Chilipulver, Salz, Pfeffer und Paprikapulver nachwürzen.

★ Reichlich Öl in einer Pfanne erhitzen.

★ Die Hähnchenbrustfilets zuerst im Ei wenden und anschließend durch die Semmelbröselmischung ziehen. Die Filets jeweils von beiden Seiten 5 Minuten knusprig braten, dann auf Küchenpapier abtropfen lassen.

★ Für die Buns eine Pfanne erhitzen, die Butter schmelzen lassen und die Buns darin kurz anrösten.

★ Beide Bunhälften jeweils mit Chilimayonnaise bestreichen. Die Unterseite jeweils mit 1 Salatblatt, den gebackenen Hähnchenteilen und jeweils 1 Tomatenscheibe belegen. Das obere Bun aufsetzen und servieren.

LAMM-
BURGER ★★★

Für 4 Personen

Topping 1
Avocadocreme:
¼ Mango
1 reife Avocado
25 g frischer Ingwer
100 g saure Sahne
1 Msp. gemahlener Kreuzkümmel
1 Msp. rote Chili, gehackt
Saft von 1 Limette
1-2 EL Koriandergrün, gehackt
1 TL Zucker
Salz
schwarzer Pfeffer, frisch gemahlen

Pattys
400 g Lammhackfleisch
1 rote Zwiebel
2 Knoblauchzehen
1 EL Koriandergrün, gehackt
1 EL Ingwer, frisch gerieben
Salz und schwarzer Pfeffer
Erdnussöl zum Braten

Buns
4 Buns (selbst gebacken/Bio-Bäcker)
50 g Butter

Topping 2
4 Blätter Eisbergsalat
200 g Mangofruchtfleisch, in Streifen
150 g Kirschtomaten, geviertelt
150 g Ziegenkäse, in Scheiben

→ **30 Minuten plus**
20 Minuten Garzeit

→ Zubereitung

★ Die Mango schälen und das Fruchtfleisch vom Stein herunterschneiden. Mango in einen hohen Rührbecher füllen.

★ Avocado halbieren und das Fruchtfleisch aus der Schale herauskratzen. Ingwer schälen und in grobe Stücke schneiden.

★ Saure Sahne, Kreuzkümmel, Chili, Limettensaft, Koriandergrün, Avocado und Ingwer zur Mango geben und mit dem Pürierstab pürieren. Die Avocadocreme mit Zucker, Salz und Pfeffer würzen.

★ Lammhackfleisch in eine Schüssel füllen. Zwiebel und Knoblauch abziehen und fein würfeln.

★ Koriander, Ingwer, Zwiebel und Knoblauch zum Hackfleisch geben, alles gut vermischen und mit Salz und Pfeffer würzen. Die Masse zu 4 gleich großen Pattys formen.

★ Den Grill auf 230 °C vorheizen oder eine Pfanne auf Stufe 6 erhitzen.

★ Die Pattys auf dem leicht eingeölten Grill oder in einer Pfanne in wenig Öl von beiden Seiten jeweils 8 bis 10 Minuten bei mittlerer Hitze grillen, bis die Pattys gar sind.

★ Für die Buns eine Pfanne erhitzen, die Butter schmelzen lassen und die Buns darin anrösten. Oder alternativ die Butter auf dem Grill schmelzen und die Buns bei 180 °C anrösten.

★ Die untere Bunhälfte jeweils mit Avocadocreme bestreichen, jeweils mit 1 Salatblatt und dem Patty belegen. Darauf Mangostreifen, geviertelte Tomaten und Ziegenkäse verteilen. Mit einem Klecks Avocadocreme dekorieren, das obere Bun aufsetzen und servieren.

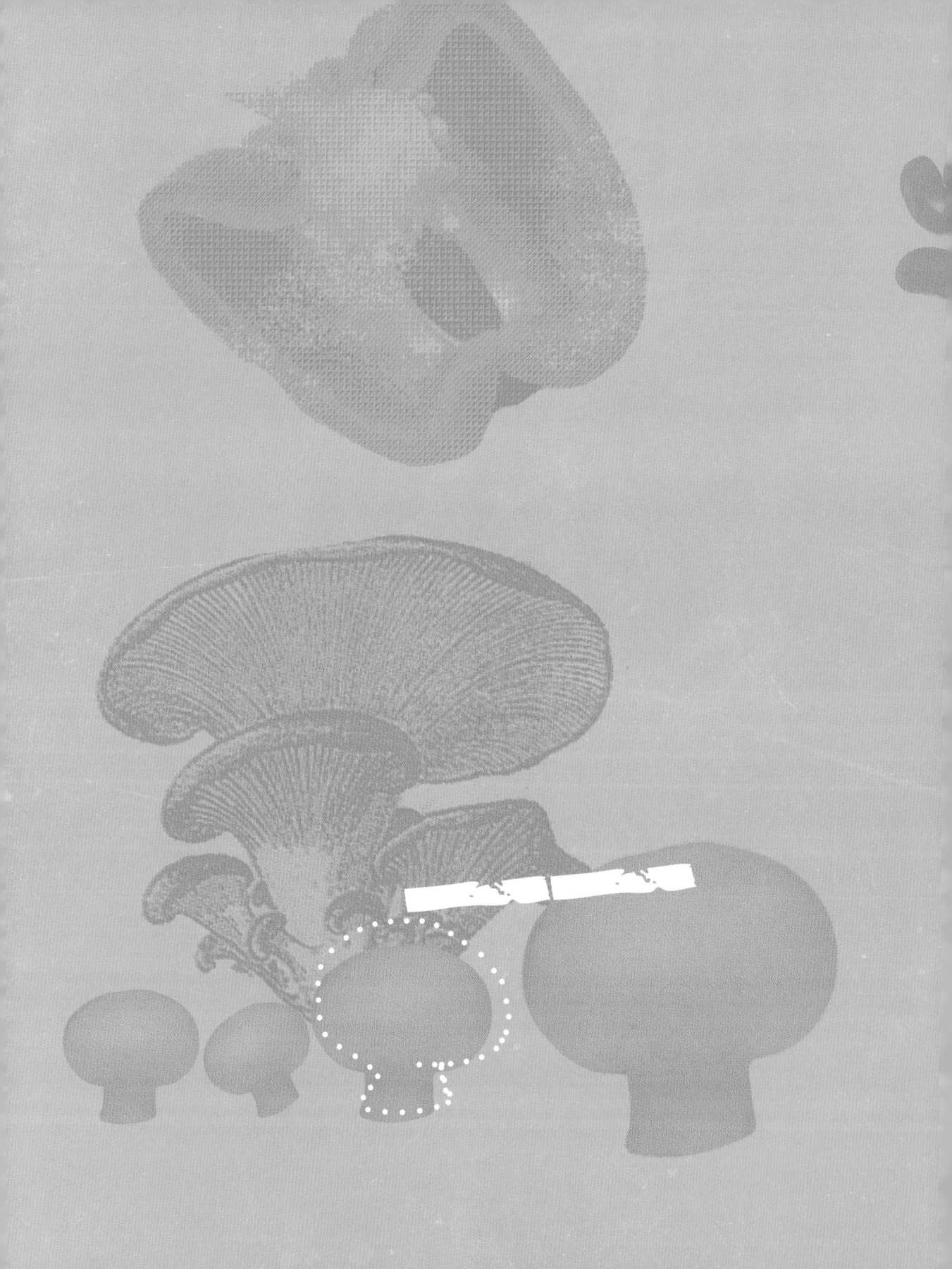

VEGGIE
is edgy!

FETA-BURGER ★★★

Für 4 Personen

Pattys
1 Aubergine
Salz
½ Bund glatte Petersilie
½ Bund Dill
2 Scheiben Feta à 150 g
Olivenöl zum Braten

Topping 1
Joghurtsauce:
½ Bund Koriander
1 Knoblauchzehe
Salz
abgeriebene Schale und Saft
von 1 Limette
1 TL Tomatenmark
5 EL Mayonnaise
100 g Naturjoghurt
schwarzer Pfeffer, frisch gemahlen
Currypulver Madras oder Golden
Elephant
gemahlener Kreuzkümmel
Olivenöl

Buns
4 Buns (selbst gebacken oder vom
Bio-Bäcker)
50 g Butter

Topping 2
120 g Rucola
schwarzer Pfeffer, frisch gemahlen

➡ **25 Minuten plus
10 Minuten Garzeit**

Zubereitung

★ Die Aubergine in 8 Scheiben schneiden, salzen und beiseitestellen.

★ Für die Joghurtsauce den Koriander waschen, trockenschwenken, zupfen und die Blättchen fein schneiden. Knoblauch abziehen und mit etwas Salz auf einem Brett zu einer Paste zerreiben.

★ Limettenabrieb, Koriander und die Knoblauchpaste in eine kleine Schüssel füllen. Tomatenmark, Mayonnaise und Joghurt zugeben. Alles gut vermischen und mit Pfeffer, Currypulver und Kreuzkümmel würzen. Wenig Olivenöl und einen Spritzer Limettensaft hinzufügen, die Joghurtsauce abschmecken und kalt stellen.

★ Petersilie und Dill waschen. Trockenschwenken, zupfen und Blättchen und Dillspitzen fein schneiden. Fetakäse jeweils einmal halbieren und mit den Kräutern einreiben.

★ Auberginenscheiben mit Küchenpapier trocknen.

★ Jeweils 1 Scheibe Feta zwischen 2 Auberginenscheiben legen. Olivenöl in einer Pfanne erhitzen und die Auberginentürmchen darin rundherum anbraten.

★ Den Rucola waschen, trockenschwenken und zupfen.

★ Für die Buns eine Pfanne erhitzen, die Butter schmelzen lassen und die Buns darin kurz anrösten.

★ Die untere Bunhälfte jeweils mit Rucolablättchen belegen und etwas Joghurtsauce darüberträufeln. Mit jeweils 1 Auberginentürmchen belegen und mit Joghurtsauce bestreichen. Nach Geschmack mit frisch gemahlenem Pfeffer würzen, das obere Bun aufsetzen und servieren.

TOFU-
BURGER ★★★

Für 4 Personen

Pattys
200 g Bio-Tofu
Sojasauce
Salz
schwarzer Pfeffer, frisch gemahlen
1 Zwiebel
1 Knoblauchzehe
130 g Champignons
Olivenöl zum Braten
1 Bund Petersilie, fein gehackt
1 EL Sojamehl
Mehl zum Formen
Semmelbrösel zum Wälzen

Buns
4 Buns (selbst gebacken/Bio-Bäcker)
50 g Butter

Topping 1
1 Avocado
½ Zwiebel
1 Knoblauchzehe
Salz
schwarzer Pfeffer, frisch gemahlen

Topping 2
4 Blätter Eisbergsalat
4 Tomatenscheiben
1 Stück Salatgurke, in Scheiben
1 Stück Rettich, in Scheiben
Ketchup nach Geschmack
Senf nach Geschmack

→ **30 Minuten plus
8 Minuten Garzeit**

→ Zubereitung

★ Den Tofu mit den Händen zerbröseln, in eine Schüssel füllen und mit einem großzügigen Schuss Sojasauce, etwas Salz und Pfeffer würzen.

★ Zwiebel und Knoblauch abziehen, klein schneiden und zur Tofumasse geben. Alles gut miteinander vermischen.

★ Die Champignons säubern und feinblättrig schneiden. In einer Pfanne Olivenöl erhitzen und die Pilze darin anbraten. Dann mit einem großzügigen Schuss Sojasauce ablöschen. Etwas abkühlen lassen.

★ Champignons und gehackte Petersilie zur Tofumasse geben, vermischen und mit Salz und Peffer abschmecken. Das Sojamehl mit 2 Esslöffeln Wasser verrühren und unterheben. Mit bemehlten Händen aus der Masse 4 Pattys formen. In einen tiefen Teller die Semmelbrösel füllen und die Pattys darin wälzen.

★ In einer Pfanne Olivenöl erhitzen und die Pattys darin von beiden Seiten jeweils 4 Minuten anbraten.

★ Für die Buns eine Pfanne erhitzen, die Butter schmelzen lassen und die Buns darin kurz anrösten.

★ Die Avocado halbieren, das Fruchtfleisch herauslösen und mit einer Gabel zerdrücken. Zwiebel und Knoblauch abziehen, klein schneiden und dazugeben. Mit Salz und Pfeffer würzen.

★ Beide Bunhälften jeweils mit Avocadocreme bestreichen. Die Unterseite jeweils mit Salatblättern, Tomaten- und Gurkenscheiben belegen. Darauf jeweils 1 Patty und Rettich-scheiben geben und nach Geschmack Ketchup und Senf hinzufügen. Das obere Bun aufsetzen und servieren.

CHAMPIGNON-
BURGER ★★★

Für 4 Personen

Pattys
8 Riesenchampignons
1 EL heller Essig
65 ml Aceto balsamico
200 ml Olivenöl
20 g Basilikumblätter
20 g Oreganoblättchen
1 TL grobes Meersalz
½ TL schwarzer Pfeffer,
frisch gemahlen
Öl zum Braten

Topping 1
Honig-Schalotten-Sauce:
1 Schalotte
Öl zum Braten
2 EL Sojasauce
1 EL Honig
2 TL Dijonsenf

Topping 2
8 Scheiben Grana Padano
2 rote Zwiebeln
2 rote Paprikaschoten

Buns
4 Buns (selbst gebacken oder vom
Bio-Bäcker)
50 g Butter

→ **10 Minuten plus 15 Minuten
Marinierzeit und 8 Minuten Garzeit**

→ Zubereitung

★ Die Riesenchampignons säubern, jeweils die Stiele abbrechen und die Lamellen entfernen.

★ Essig, Aceto balsamico, Olivenöl, Basilikum, Oregano, Salz und Pfeffer in einer Schüssel gut verrühren. Die Pilze in die Schüssel legen und mit der Essigmischung bedecken. Mit Plastikfolie überdecken und 15 Minuten bei Zimmertemperatur stehen lassen, währenddessen einige Male umrühren.

★ Für die Honig-Schalotten-Sauce die Schalotte abziehen und fein würfeln. Öl in einer Pfanne erhitzen und die Schalotten darin anbraten. Mit Sojasauce ablöschen. Die Mischung in eine Schale füllen, Honig und Senf zugeben und unterrühren.

★ Den Grill auf 230 °C vorheizen oder eine Pfanne auf Stufe 6 erhitzen.

★ Die Riesenchampignons auf dem leicht eingeölten Grill oder in einer Pfanne in wenig Öl von beiden Seiten bei hoher Hitze jeweils 5 bis 8 Minuten grillen, bis sie weich sind. Die Pilze währenddessen mehrmals mit der Marinade bestreichen. Anschließend mit jeweils einer Scheibe Grana Padano belegen und diesen 2 Minuten schmelzen lassen.

★ Für die Buns eine Pfanne erhitzen, die Butter schmelzen lassen und die Buns darin kurz anrösten.

★ Die Zwiebeln abziehen und in Ringe schneiden. Die Paprikaschoten waschen, halbieren, putzen und jeweils in 4 flache Stücke schneiden.

★ Beide Bunhälften jeweils mit der Honig-Schalotten-Sauce bestreichen. Die Unterseite jeweils mit 1 Stück Paprika und jeweils 2 Champignons samt Käse belegen. Zwiebelringe auflegen, das obere Bun aufsetzen und servieren.

Kidneybohnen

Gemüse

HONiG CASHEWKERNE

Lollo bionda

SALBEi
Mu-Err-Pilze

Ziegenkäse

GEMÜSEBRÜHE SELLERIE

Tempeh

Walnuss BASiLiKUM

KIDNEY-
BURGER ★★★

Für 4 Personen

Pattys
2 Dosen Kidneybohnen (Abtropfgewicht 250 g)
2 große Zwiebeln
120 g Kichererbsenmehl
4 Spritzer Tabasco
2 TL gemahlener Kreuzkümmel
Öl zum Braten

Buns
4 Buns (selbst gebacken oder vom
Bio-Bäcker)
50 g Butter

Topping 1
2 EL BBQ-Sauce (Seite 126)
4 Blätter Eisbergsalat
4 Tomatenscheiben
4 Scheiben Salatgurke

→ *15 Minuten plus*
10 Minuten Garzeit

→ Zubereitung

★ Für die Pattys die Kidneybohnen in ein Sieb abgießen, unter fließendem kaltem Wasser abspülen und abtropfen lassen. Abgetropfte Bohnen in einen Standmixer oder einen hohen Rührbecher geben.

★ Zwiebeln abziehen und grob schneiden.

★ Zwiebeln, Kichererbsenmehl, Tabasco und Kreuzkümmel zu den Kidneybohnen geben und pürieren.

★ Aus der Bohnenmasse 4 Pattys formen. Öl in einer Pfanne erhitzen und die Pattys darin von beiden Seiten jeweils 5 Minuten anbraten.

★ Für die Buns eine Pfanne erhitzen, die Butter schmelzen lassen und die Buns darin kurz anrösten.

★ Beide Bunhälften jeweils mit BBQ-Sauce bestreichen. Die Unterseite jeweils mit 1 Salatblatt und jeweils 1 Patty belegen. Darauf jeweils 1 Tomaten- und Gurkenscheibe geben, das obere Bun aufsetzen und servieren.

HALLOUMI-BURGER ★★★

Für 4 Personen

Halloumi
2 Zweige Rosmarin
1 Zweig Salbei
2 kleine rote Zwiebeln
1 Knoblauchzehe
4 EL Olivenöl
2 Stück Halloumi à 200 g

Topping
150 g angeröstete Paprika, in Öl
eingelegt
80 g Rucola
Pesto alla genovese zum Bestreichen
(Seite 132)

Buns
4 Buns (selbst gebacken oder vom
Bio-Bäcker)
50 g Butter

**➞ 30 Minuten plus 2 Stunden
Marinierzeit und 6 Minuten Garzeit**

➞ Zubereitung

★ Rosmarin und Salbei waschen, trockenschwenken und zupfen. Die Rosmarinnadeln grob hacken. Zwiebeln und Knoblauch abziehen. Zwiebeln in dünne Spalten schneiden, Knoblauch in Scheiben schneiden.

★ Kräuter, Zwiebeln und Knoblauch in eine flache Schüssel geben. Olivenöl zugeben und vermischen.

★ Die Halloumistücke der Länge nach halbieren. Halloumi-hälften in die Marinade geben, darin wenden und zugedeckt 2 Stunden marinieren.

★ Paprika abtropfen lassen, trockentupfen und grob in Stücke schneiden. Rucola waschen, putzen und trockenschwenken.

★ Eine beschichtete Pfanne erhitzen. Halloumi aus der Marinade nehmen und in der heißen Pfanne von beiden Seiten jeweils 2 bis 3 Minuten scharf anbraten. Kurz vor Ende der Garzeit Zwiebeln, Knoblauch und Kräuter in die Pfanne geben und kurz mitbraten. Halloumi anschließend aus der Pfanne nehmen.

★ Für die Buns eine Pfanne erhitzen, die Butter schmelzen lassen und die Buns darin kurz anrösten.

★ Beide Bunhälften jeweils mit je 1 Teelöffel Pesto bestreichen. Die unteren Hälften zuerst jeweils mit Paprika-stücken belegen, dann den Halloumi daraufgeben. Rucola-blättchen und angebratene Zwiebelspalten darauf verteilen, das obere Bun aufsetzen und servieren.

VEGAN-ASIA-BURGER ★★★

Für 4 Personen

Pattys

150 g Natur-Rundkornreis
300 ml hefefreie Gemüsebrühe
4 Frühlingszwiebeln
1 Knoblauchzehe
Kokosöl zum Braten
100 g Mu-Err-Pilze, eingeweicht
1 rote Peperonischote
90 g Bambusschösslinge
1 EL frischer Ingwer, fein gerieben
1 TL Kurkuma
1 TL edelsüßes Paprikapulver
½ TL Kardamom
½ TL gemahlener Koriander
Ei-Ersatz für 3 Eier
Sojasauce
Kräutersalz
schwarzer Pfeffer, frisch gemahlen
1 TL Chiliöl zum Braten

Buns

4 vegane Buns (Seite 28)
vegane Mayonnaise zum Bestreichen
(Seite 133)

→ **30 Minuten plus
55 Minuten Garzeit**

→ Zubereitung

★ Den Natur-Rundkornreis in ein Sieb geben, unter fließendem kaltem Wasser abbrausen und in einen Topf geben. Die Brühe hinzufügen, zum Kochen bringen und etwa 45 Minuten garen. Währenddessen gut rühren.

★ Die Frühlingszwiebeln putzen und den Knoblauch abziehen. Knoblauch zerdrücken und Frühlingszwiebeln in feine Ringe schneiden.

★ In einer Pfanne etwas Kokosöl erhitzen, Zwiebeln und Knoblauch zugeben und leicht anbraten.

★ Mu-Err-Pilze klein schneiden. Peperoni entkernen und klein hacken. Bambusschösslinge in kleine Würfel schneiden.

★ Pilze, Peperoni, Bambusschösslinge und Ingwer in die Pfanne geben und etwa 8 bis 10 Minuten mitbraten.

★ Den gegarten Reis in eine Schüssel füllen. Angebratenes Gemüse, Kurkuma, Paprikapulver, Kardamom und Koriander dazugeben. Etwas abkühlen lassen. Ei-Ersatz hinzufügen und alles gut vermischen. Die Masse kräftig mit Sojasauce, Kräutersalz und Pfeffer abschmecken.

★ Aus der Reismischung 4 Pattys formen. In einer Pfanne Chiliöl erhitzen die Pattys darin von beiden Seiten jeweils 4 Minuten anbraten.

★ Für die Buns eine beschichtete Pfanne erhitzen und die Buns darin kurz anrösten.

★ Beide Bunhälften jeweils mit Mayonnaise bestreichen. Das Patty jeweils auf die untere Bunhälfte legen, die obere Hälfte daraufsetzen und servieren.

BULGUR-
BURGER ★★★

Für 4 Personen

Pattys
150 g Bulgur
1 EL Sojasauce
1 Knoblauchzehe
175 g Cashewkerne
100 g Sonnenblumenkerne
1 ½ Eier
¼ TL Chilipulver
1 Spritzer Tabasco
Öl zum Braten

Buns
4 Buns (selbst gebacken oder vom
Bio-Bäcker)
50 g Butter
vegane Mayonnaise zum Bestreichen
(Seite 133)

**→ 20 Minuten plus 4 Stunden
Ziehzeit und 20 Minuten Garzeit**

→ Zubereitung

★ Bulgur und 175 Milliliter Wasser in einen Topf füllen.
Sojasauce hinzufügen und den Bulgur zum Kochen bringen.
Dann von der Kochstelle nehmen, den Deckel auflegen und
10 Minuten quellen lassen, bis alle Flüssigkeit aufgesaugt ist.

★ Knoblauch abziehen und fein hacken.

★ Cashewkerne und Sonnenblumenkerne in einer
Küchenmaschine fein mahlen.

★ Den gekochten Bulgur in eine Schüssel füllen. Eier, die
Nussmischung, Chilipulver, Knoblauch und Tabasco
hinzufügen und gut vermischen. Abgedeckt 4 Stunden im
Kühlschrank ziehen lassen.

★ Den Grill auf 230 °C vorheizen oder eine Pfanne auf Stufe 6
erhitzen.

★ Aus der Bulgurmasse 4 Pattys formen und auf ein Stück
leicht eingeölte Alufolie setzen. Die Pattys samt der Alufolie
auf den Grillrost legen und die Pattys von beiden Seiten
jeweils etwa 5 Minuten goldbraun grillen, währenddessen
einmal wenden. (Die Garzeit richtet sich nach der Dicke der
Pattys und der Grilltemperatur.)

★ Für die Buns eine Pfanne erhitzen, die Butter schmelzen
lassen und die Buns darin anrösten. Oder alternativ die Butter
auf dem Grill schmelzen und die Buns bei 180 °C anrösten.

★ Beide Bunhälften jeweils mit Mayonnaise bestreichen. Das
Patty auf die untere Bunhälfte legen, das obere Bun aufsetzen
und servieren.

CURRY-BURGER ★★★

Für 4 Personen

Pattys
1 Zwiebel
2 EL Olivenöl
75 g Pilze
1 TL gemahlener Koriander
1 TL Currypulver
1 TL Fenchelsamen
4 Karotten
75 g Kichererbsen (aus der Dose)
1/4 Tasse Walnüsse, gehackt
3 EL Koriandergrün, gehackt
1/2 TL Salz
1/4 TL schwarzer Pfeffer
2 EL Kokosöl zum Braten

Buns
4 Buns (selbst gebacken oder vom
Bio-Bäcker)
50 g Butter
vegane Mayonnaise zum Bestreichen
(Seite 133)

Topping
4 Blätter Eisbergsalat
1 Avocado, in Scheiben

➡ **30 Minuten plus
8 Minuten Garzeit**

➡ **Foto zum Rezept auf dem
Buchcover (rechts)**

➡ Zubereitung

★ Die Zwiebel abziehen, klein schneiden und 2 Minuten in Olivenöl anbraten.

★ Die Pilze putzen, säubern und hacken.

★ Gemahlenen Koriander, Currypulver und Fenchelsamen zu den Zwiebeln geben und 3 Minuten mit anrösten. Anschließend die Pilze hinzufügen und unter Rühren etwa 5 Minuten anbraten.

★ Die Karotten putzen, schälen und fein reiben.

★ Kichererbsen, Karottenraspel, Walnüsse und die Pilz-Zwiebel-Mischung in den Standmixer geben und mit der Pulstaste zerkleinern, sodass die Masse krümelig bleibt.

★ Die Kichererbsen-Karotten-Masse in eine Schüssel füllen. Koriandergrün, Salz und Pfeffer hinzufügen und alles gründlich vermischen.

★ Die Masse zu 4 gleich großen Pattys formen. In einer Pfanne das Kokosöl erhitzen und die Pattys darin von beiden Seiten jeweils 4 Minuten anbraten.

★ Für die Buns eine Pfanne erhitzen, die Butter schmelzen lassen und die Buns darin kurz anrösten.

★ Beide Bunhälften jeweils mit veganer Mayonnaise bestreichen. Die Unterseite jeweils mit 1 Salatblatt belegen, darauf 1 Patty und Avocadoscheiben geben. Das obere Bun aufsetzen und servieren.

GEMÜSE- BURGER ★★★

Für 4 Personen

Pattys
1 kleine Zwiebel
1 Knoblauchzehe
1 Karotte
½ gelbe Zucchini
½ grüne Zucchini
1 TL Olivenöl
50 g Haferflocken
15 g geriebener Edamer
½ Ei
½ EL Sojasauce
100 g Mehl
Öl zum Braten

Buns
4 Buns (selbst gebacken oder vom Bio-Bäcker)
50 g Butter

Topping
BBQ-Sauce (Seite 126)
4 Blätter Eisbergsalat
4 Tomatenscheiben

→ **20 Minuten plus 1 Stunde Kühlzeit und 10 Minuten Garzeit**

→ Zubereitung

★ Zwiebel und Knoblauch abziehen. Die Zwiebel reiben, den Knoblauch klein schneiden.

★ Karotte und Zucchini waschen, putzen und auf einer Gemüsereibe fein reiben.

★ Das Öl in einer Pfanne erhitzen. Zwiebeln und Knoblauch darin 5 Minuten anbraten. Karotten- und Zucchiniraspel hinzufügen und 2 Minuten mitbraten. Vom Herd nehmen, in eine Schüssel füllen und leicht abkühlen lassen.

★ Haferflocken, Edamer und Ei untermischen. Die Sojasauce einrühren, alles gut vermischen, mit Plastikfolie abdecken und mindestens 1 Stunde in den Kühlschrank stellen.

★ Den Grill auf 230 °C vorheizen oder eine Pfanne auf Stufe 6 erhitzen.

★ Das Mehl auf einen großen Teller streuen. Aus der Gemüsemasse 4 Pattys formen und in Mehl wenden.

★ Die Pattys auf dem leicht eingeölten Grill oder in einer Pfanne in wenig Öl von beiden Seiten jeweils 5 Minuten grillen, bis sie goldbraun sind.

★ Für die Buns eine Pfanne erhitzen, die Butter schmelzen lassen und die Buns darin anrösten. Oder alternativ die Butter auf dem Grill schmelzen und die Buns bei 180 °C anrösten.

★ Die untere Bunhälfte jeweils mit BBQ-Sauce bestreichen und mit jeweils 1 Salatblatt und 1 Tomatenscheibe belegen. Den Gemüsebratling daraufgeben, das obere Bun aufsetzen und servieren.

SCHWARZE-BOHNEN-BURGER ★★★

Für 4 Personen

Pattys
1 große Zwiebel
Olivenöl zum Braten
1 Knoblauchzehe
1 große Karotte
250 g schwarze Bohnen (aus der Dose)
Salz
schwarzer Pfeffer, frisch gemahlen
gemahlener Koriander
1 EL Petersilie, fein gehackt
2 EL Semmelbrösel
Reismehl nach Geschmack

Topping 1
Balsamico-Honig-Senf:
50 ml Olivenöl
2 TL Dijonsenf
20 ml Aceto balsamico
2 TL flüssiger Honig
Salz
schwarzer Pfeffer, frisch gemahlen
Chilipulver

Buns
4 Buns (selbst gebacken/Bio-Bäcker)
50 g Butter

Topping 2
2 Avocados, in Scheiben
1 Handvoll Rucola
4 Tomatenscheiben
2 EL Sprossen

➞ *30 Minuten plus*
8 Minuten Garzeit

➞ Zubereitung

★ Für die Pattys die Zwiebel abziehen und klein schneiden. Olivenöl in einer Pfanne erhitzen und die Zwiebel darin glasig anbraten.

★ Knoblauch abziehen und pressen. Karotte waschen, putzen und fein reiben.

★ Schwarze Bohnen abgießen, abspülen und in eine Schüssel füllen. Knoblauch, Karottenraspel und angebratene Zwiebel zugeben und mit einem Kartoffelstampfer zermusen oder grob mit einem Pürierstab pürieren. Die Masse darf noch stückig bleiben. Die Bohnenmasse mit Salz, Pfeffer und Koriander würzen. Petersilie und Semmelbrösel zugeben und untermischen. Für eine festere Masse etwas Reismehl nach Geschmack hinzufügen.

★ Olivenöl in einer Pfanne erhitzen und jeweils ein Viertel der Masse mit einer Kelle hineingeben. Die Pattys etwas platt drücken und von beiden Seiten jeweils etwa 4 Minuten braten.

★ Für den Balsamico-Honig-Senf Olivenöl und Dijonsenf in eine Schale füllen. Aceto balsamico und Honig zugeben und gut verrühren. Mit Salz, Pfeffer und Chilipulver würzen.

★ Für die Buns eine Pfanne erhitzen, die Butter schmelzen lassen und die Buns darin kurz anrösten.

★ Die untere Bunhälfte jeweils mit Balsamico-Honig-Senf bestreichen und jeweils mit 1 Patty belegen. Etwas Balsamico-Honig-Senf auf das Patty träufeln, mit Avocado-scheiben, Rucolablättchen, Tomaten und Sprossen belegen, das obere Bun aufsetzen und servieren.

ZIEGENKÄSE-BURGER ★★★

Für 4 Personen

Topping 1
2 Zwiebeln
1 EL Butter
1 EL Honig oder Ahornsirup
Aceto balsamico
Salz
schwarzer Pfeffer, frisch gemahlen

Topping 2
200 g Lollo bionda
100 g Bacon, in Scheiben

Buns
4 Buns (selbst gebacken oder vom Bio-Bäcker)
50 g Butter

Pattys
400 g französische Ziegenfrischkäserolle
Sesamsaat zum Bestreuen
evtl. Muffinbackblech

→ **20 Minuten plus 2 Minuten Garzeit**

→ Zubereitung

★ Die Zwiebeln abziehen und in Streifen schneiden.

★ Die Zwiebeln in der Butter glasig anbraten. Honig oder Ahornsirup zugeben, die Zwiebeln glasieren und mit einem Schuss Aceto balsamico ablöschen. Mit Salz und Pfeffer würzen, vom Herd nehmen und abkühlen lassen.

★ Den Salat putzen, waschen und trockenschwenken.

★ Eine beschichtete Pfanne erhitzen und den Bacon darin kross anbraten.

★ Für die Buns eine Pfanne erhitzen, die Butter schmelzen lassen und die Buns darin kurz anrösten.

★ Von der Ziegenkäserolle 4 Scheiben abschneiden und in einer Pfanne ganz kurz anbraten. Den Käse anschließend mit etwas Sesam bestreuen. Alternativ die Käsescheiben in die Mulden eines Muffinbackblechs legen und im Backofen erhitzen.

★ Die untere Bunhälfte jeweils mit Salatblättern, einem halben Streifen Bacon und je 1 Scheibe Ziegenkäse belegen. Darauf den restlichen Bacon und die angebratenen Zwiebeln geben, das obere Bun aufsetzen und servieren.

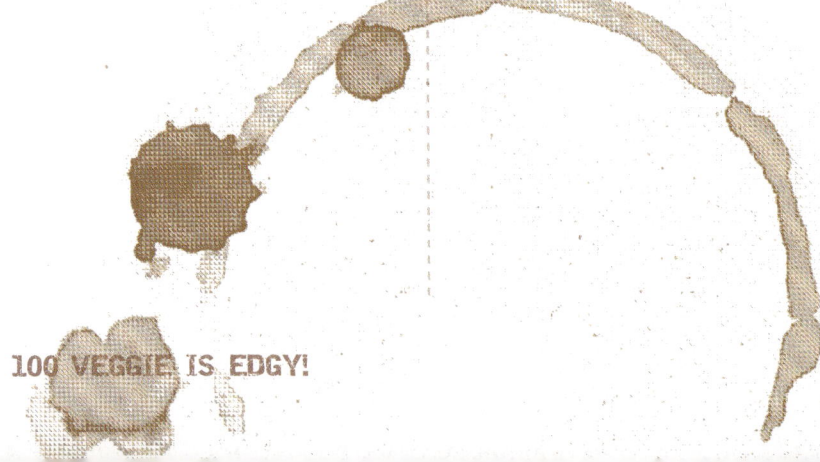

VARIANTE
Vegetarier lassen
den Bacon natürlich
einfach weg!

ITALIA-BURGER ★★★

Für 4 Personen

Pattys
300 g Kartoffeln
Salz
50 g Karotten
50 g Staudensellerie
100 g Quark
1 Eigelb
schwarzer Pfeffer, frisch gemahlen
Muskatnuss, frisch gerieben
Öl zum Braten

Topping 1
Tomatenpesto:
½ Bund Basilikum
1 Knoblauchzehe
100 g getrocknete Tomaten
140 ml Olivenöl
60 g Walnüsse, geröstet
80 g Parmesan, frisch gerieben

Topping 2
125 g Büffelmozzarella
8 Basilikumblättchen
2 Staudensellerieblätter
2 EL Olivenöl

Buns
4 Buns (selbst gebacken oder vom
Bio-Bäcker)
50 g Butter

**→ 30 Minuten plus
30 Minuten Garzeit**

→ Zubereitung

★ Kartoffeln unter fließendem Wasser abbürsten und in der Schale 20 Minuten in Salzwasser garen. Anschließend abkühlen lassen, pellen und grob reiben.

★ Karotten und Staudensellerie schälen, grob raspeln und die Raspel gut ausdrücken.

★ Gemüseraspel, geriebene Kartoffeln, Quark und Eigelb in eine Schüssel geben und gut vermischen. Mit Salz, Pfeffer und Muskat würzen. Die Masse zu 4 Buletten formen.

★ Für das Tomatenpesto Basilikum waschen, trockenschwenken und zupfen. Den Knoblauch abziehen. Getrocknete Tomaten, Basilikumblätter, Olivenöl und Knoblauch im Standmixer oder mit dem Pürierstab zerkleinern. Dann die Nüsse und den Parmesan hinzufügen, noch einmal gut durchmixen und abschmecken.

★ Büffelmozzarella in Scheiben schneiden.

★ Öl in einer Pfanne erhitzen und die Pattys von einer Seite 3 bis 4 Minuten braten. Pattys wenden, mit Mozzarellascheiben belegen und weitere 3 bis 4 Minuten braten.

★ Für die Buns eine Pfanne erhitzen, die Butter schmelzen lassen und die Buns darin kurz anrösten.

★ Die untere Bunhälfte jeweils mit 2 Teelöffeln Tomatenpesto bestreichen und jeweils mit 2 Basilikumblättchen, einem halben Staudensellerieblatt und dem Patty samt Käse belegen. Mit Olivenöl beträufeln. Das obere Bun aufsetzen und servieren.

TEMPEH-BURGER ★★★

Für 4 Personen

Topping 1
½ Salatgurke
2 Frühlingszwiebeln
2 Gewürzgurken
2 Tomaten

Pattys
400 g Tempeh
Salz
schwarzer Pfeffer, frisch gemahlen
Öl zum Braten

Buns
4 vegane Dinkelbuns (selbst gebacken,
Seite 31, oder vom Bio-Bäcker)
50 g Butter

Topping 2
4 EL BBQ-Sauce (Seite 126)
4 Blätter Eisbergsalat

➞ 15 Minuten plus
8 Minuten Garzeit

Zubereitung

★ Salatgurke waschen und in dünne Scheiben schneiden.

★ Die Frühlingszwiebeln waschen und putzen. Anschließend in feine Ringe schneiden.

★ Die Gewürzgurken längs in dünne Scheiben schneiden. Tomaten waschen, den Strunk entfernen und die Tomaten in Scheiben schneiden.

★ Den Tempeh in 4 flache Stücke schneiden und mit Salz und Pfeffer würzen.

★ Öl in einer Pfanne erhitzen und die Tempehscheiben darin 3 bis 4 Minuten anbraten.

★ Für die Buns eine Pfanne erhitzen, die Butter schmelzen lassen und die Buns darin kurz anrösten.

★ Beide Bunhälften jeweils mit BBQ-Sauce bestreichen. Die Unterseite der Buns mit den Gewürzgurken und jeweils 1 Scheibe Tempeh belegen. Den Tempeh mit BBQ-Sauce bestreichen. Darüber Gurken-, Zwiebel- und Tomatenscheiben sowie jeweils 1 Salatblatt schichten, das obere Bun aufsetzen und servieren.

COOLE
Beilagen!

PERFEKTE POMMES FRITES ★★★

Für 4 Personen

800 g festkochende Kartoffeln
1 l Pflanzenöl
2 TL Salz
1 TL Paprikapulver

➜ **15 Minuten plus**
4 Minuten Garzeit

★ **TIPP** ★
Die Kartoffelstifte vor dem Frittieren in Wasser ruhen lassen oder zumindest abspülen und anschließend trocknen.

Zubereitung

★ Die Kartoffeln sehr gründlich waschen und unter fließendem Wasser abbürsten. Kartoffeln ungeschält in pommesgroße Stifte schneiden.

★ Die Kartoffelstifte unter kaltem Wasser abspülen, damit weniger Stärke an ihnen haftet. Anschließend mit Küchenpapier abtrocknen.

★ Das Öl in einen nicht zu breiten Topf füllen und auf etwa 140 °C erhitzen (mit einem Kochthermometer kontrollieren).

★ Die Kartoffelstifte zugeben und 2 Minuten vorfrittieren. So sind die Pommes frites bereits weich und ihnen fehlt nur noch ihre knusprige Hülle.

★ Dann die Pommes frites mit einem Schaumlöffel aus dem Fett nehmen, auf Küchenpapier abtropfen lassen und das Fett auf etwa 170 °C erhitzen.

★ Die Pommes frites im 170 °C heißen Fett goldbraun frittieren. Die Pommes frites mit einem Schaumlöffel aus dem Fett nehmen, kurz auf Küchenpapier abtropfen lassen und in einer Schüssel mit Salz und Paprikapulver würzen.

WEDGES ★★★

Für 4 Personen

800 g festkochende Kartoffeln
½ Knoblauchzehe
2 EL Olivenöl
2 TL Salz
1 TL Paprikapulver
½ TL gerebelter Thymian

➤ **15 Minuten plus
20 Minuten Garzeit**

Zubereitung

★ Den Ofen auf 200 °C (Umluft 180 °C, Gas Stufe 3-4) vorheizen.

★ Ein Backblech mit Backpapier auslegen.

★ Die Kartoffeln sehr gründlich waschen und unter fließendem Wasser abbürsten. Kartoffeln trocknen, ungeschält der Länge nach durchschneiden und die Hälften in dicke Kartoffelecken schneiden.

★ Knoblauch abziehen und pressen. In einer Schüssel das Öl, gepressten Knoblauch, Salz, Paprikapulver und Thymian vermischen. Die Kartoffelspalten zugeben und gründlich mit dem Kräuteröl überziehen.

★ Die Kartoffelspalten auf dem Backblech verteilen und im vorgeheizten Backofen bei 200 °C etwa 20 Minuten backen.

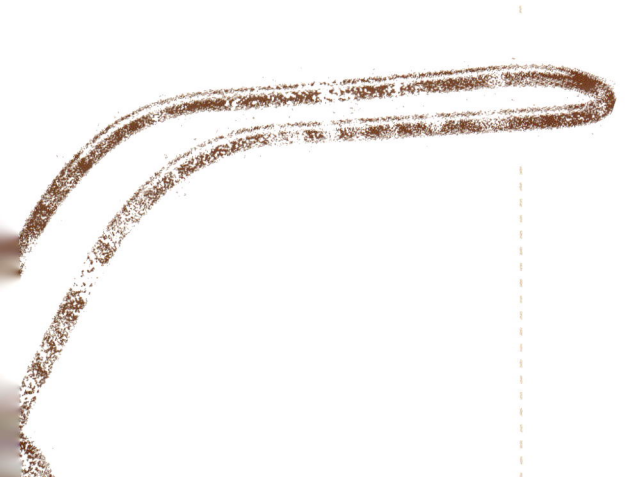

CESAR'S SALAD ★★★

Für 4 Personen

250 g Römersalat
2 große Strauchtomaten
1 kleine Knoblauchzehe
2 Eigelbe
1 EL scharfer Senf
1-2 EL Zitronensaft
150 ml Öl
80-100 g Sahne
60 g Parmesan, fein gerieben
2-3 EL Weißweinessig
Salz
schwarzer Pfeffer, frisch gemahlen
1 Prise Zucker

→ **20 Minuten**

→ *Zubereitung*

★ Den Römersalat putzen, waschen und trockenschwenken. Die Blätter der Länge nach vierteln.

★ Tomaten waschen, den Strunk entfernen und die Tomaten in dünne Scheiben schneiden.

★ Für das Dressing den Knoblauch abziehen und fein hacken.

★ In einer Schüssel Eigelbe, Senf und Zitronensaft verrühren.

★ Das Öl erst tropfenweise, dann in dünnem Strahl mit einem Schneebesen zügig unterrühren. Knoblauch, Sahne, Parmesan und Weißweinessig unterrühren. Das Dressing mit Salz, Pfeffer und Zucker würzen.

★ Römersalat und Tomaten hinzufügen und mit dem Dressing vermischen.

★VARIANTE★
Cole Slaw schmeckt
auch mit frischen Lauch-
ringen und mit einem
Mayonnaisedressing.

COLE-SLAW ★★★

Für 4 Personen

400 g Weißkohl
1 Karotte
60 ml Weißweinessig
1 EL Zucker
1 EL Mehl
1 TL Senfpulver
1 TL Salz
60 g Sahne
1 EL Butter
2 Eier

→ 20 Minuten plus 1 Stunde Ziehzeit und 3 Minuten Garzeit

→ Zubereitung

★ Den Weißkohl waschen, den Strunk herausschneiden und den Kohl sehr fein hobeln.

★ Die Karotte waschen, putzen und fein raspeln.

★ Weißweinessig in einen kleinen Topf füllen. Zucker, Mehl, Senfpulver und Salz zugeben, verrühren und unter ständigem Rühren aufkochen. Dann Sahne und Butter zugeben und weiterrühren.

★ Die Eier in eine Schale geben und verquirlen. Ein wenig heißen Sud hinzufügen und gründlich unterrühren.

★ Die Eiermischung in die heiße Flüssigkeit geben und schnell unterschlagen. Sobald das Dressing andickt, vom Herd nehmen und in eine große Schüssel umfüllen.

★ Weißkohlstreifen und Karottenraspel untermischen und 1 Stunde durchziehen lassen.

SÜSSKARTOFFEL-CHIPS ★★★

Für 4 Personen

5 Süßkartoffeln
2 TL Pflanzenöl
1-2 Prisen Salz
1 TL Paprikapulver
1 TL Chilipulver

**→ 15 Minuten plus
20 Minuten Garzeit**

→ Zubereitung

★ Den Backofen auf ca. 200 °C (Umluft 180 °C, Gas Stufe 3-4) vorheizen.

★ Ein Backblech mit Backpapier auslegen.

★ Die Süßkartoffeln schälen und waschen. Süßkartoffeln trocknen, der Länge nach durchschneiden und die Hälften in dünne Streifen schneiden.

★ Das Öl in eine nicht zu kleine Schüssel geben. Salz, Paprikapulver und Chilipulver zugeben und gut vermischen. Die Süßkartoffelchips zugeben und gut durchmischen.

★ Süßkartoffeln auf dem Backblech verteilen und im vorgeheizten Backofen bei 200 °C etwa 20 Minuten garen.

... und gleich sind sie weg!

Süßkartoffel

MEERSALZ

SAHNE   Akazienhonig

KNOBLAUCH

Chips

ZUCKERSCHOTEN   Weißweinessig

Thymian

PAPRIKAPULVER

Weißkohl

GEMÜSE-SALAT ★★★

Für 4 Personen

Dressing

50 g Schalotten
1 rote Pfefferschote
3 TL Dijon-Senfcreme
3 TL Akazienhonig
4 EL Weißweinessig
5 EL Olivenöl
1 ½ TL Estragonblättchen
Salz
schwarzer Pfeffer, frisch gemahlen

Salat

100 g Zuckerschoten
Salz
250 g Spargel
200 g Shiitakepilze
2 EL Olivenöl
120 g Radieschen
1 rote Paprikaschote
1 gelbe Paprikaschote
schwarzer Pfeffer, frisch gemahlen
200 g dunkelgrüner Löwenzahn

Croûtons

3 Scheiben Toastbrot
20 g Butter

→ **45 Minuten plus
5 Minuten Garzeit**

→ Zubereitung

★ Für das Dressing Schalotten abziehen und fein würfeln. Pfefferschote waschen, halbieren, entkernen und fein würfeln.

★ Schalotten und Pfefferschoten in eine Schüssel geben. Dijon-Senfcreme, Akazienhonig, Weißweinessig, Olivenöl sowie Estragon zugeben und verrühren. Das Dressing mit Salz und Pfeffer abschmecken.

★ Zuckerschoten putzen und in Salzwasser blanchieren. Anschließend kalt abschrecken und schräg in 0,5 Zentimeter breite Stücke schneiden.

★ Spargel schälen und putzen. Spargelstangen längs halbieren und schräg in 0,5 Zentimeter breite Stücke schneiden.

★ Shiitakepilze säubern, putzen und klein schneiden.

★ In einer Pfanne das Olivenöl erhitzen. Spargel und Shiitakepilze darin bei starker Hitze 1 bis 2 Minuten anbraten. Abkühlen lassen.

★ Radieschen und Paprika waschen, putzen und in 0,5 Zentimeter große Würfel schneiden.

★ Zuckerschoten, Radieschen und Paprika vorsichtig unter das Dressing heben. Spargel und Shiitakepilze hinzufügen und untermischen. Den Gemüsesalat mit Salz und Pfeffer abschmecken. Anschließend 5 Minuten ziehen lassen.

★ Löwenzahn waschen, putzen und trockenschwenken. Den Salat auf Tellern anrichten und mit Löwenzahn garnieren.

★ Das Toastbrot entrinden, in 1 Zentimeter große Würfel schneiden und in der Butter goldgelb anrösten. Die Croûtons vor dem Servieren auf dem Salat verteilen.

ONION RINGS ★★★

Für 4 Personen

2 Eier
240 g Sahne
180 g Mehl
½ TL Backpulver
240 g Semmelbrösel
Salz
schwarzer Pfeffer, frisch gemahlen
4 Gemüsezwiebeln
reichlich Öl zum Fritieren

**→ 15 Minuten plus
5 Minuten Garzeit**

→ Zubereitung

★ Die Eier in eine Schüssel geben. Sahne hinzufügen und gründlich verquirlen.

★ In einer zweiten Schüssel Mehl und Backpulver mischen.

★ Semmelbrösel, etwas Salz und Pfeffer auf einen flachen Teller geben und vermischen.

★ Die Zwiebeln abziehen und in dicke Ringe schneiden.

★ Das Öl in einen großen Topf füllen und auf etwa 190 °C erhitzen (mit einem Kochthermometer kontrollieren).

★ Die Zwiebelringe erst in der Mehlmischung wenden, dann in das Ei tauchen und zuletzt durch die Semmelbrösel ziehen. Nicht zu viele Zwiebelringe auf einmal im heißen Öl etwa 3 bis 5 Minuten goldbraun fritieren.

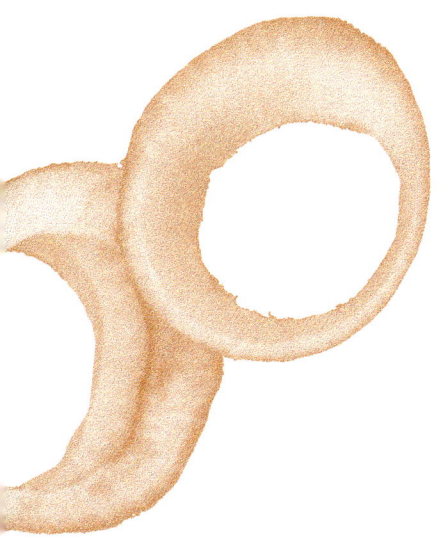

COUSCOUS-SALAT ★★★

Für 4 Personen

250 g Couscous
400 ml Gemüsefond (aus dem Glas)
1 Bund glatte Petersilie
1 grüne Paprikaschote
200 g Datteln, entsteint
150 g gesalzene Rauchmandeln
Saft von ½ Zitrone
300 g Sahnejoghurt
Salz
gemahlener Piment
gemahlener Koriander
Paprikaflocken

➞ **25 Minuten plus
5 Minuten Quellzeit**

Zubereitung

★ Couscous in eine Schüssel füllen.

★ Den Gemüsefond erhitzen und heiß über den Couscous gießen. Anschließend den Couscous 5 Minuten quellen lassen.

★ Petersilie waschen und trockenschwenken. Petersilie zupfen und die Blättchen grob hacken.

★ Paprika waschen, putzen und fein würfeln.

★ Die Datteln grob hacken.

★ Die Rauchmandeln im Mörser grob zerstoßen.

★ Den Couscous mit einer Gabel auflockern. Paprikawürfel, Petersilie, Datteln und Mandeln zugeben, locker untermischen und den Salat mit dem Zitronensaft abschmecken.

★ Joghurt mit Salz, Piment und Koriander würzen.

★ Zum Anrichten etwas Joghurtsauce über den Couscous-salat geben und mit Paprikaflocken bestreuen. Die restliche Sauce extra dazu reichen.

GRILL-GEMÜSE ★★★

Für 8 Personen

600 g Kartoffeln
Salz
3 Zucchini
400 g Strauchtomaten
8 Zweige Rosmarin
8 Zweige Thymian
grobes Salz
schwarzer Pfeffer, frisch gemahlen
16 EL Olivenöl

**→ 10 Minuten plus
30 Minuten Garzeit**

→ Zubereitung

★ Den Grill auf 230 °C vorheizen.

★ Die Kartoffeln sehr gründlich waschen und unter fließendem Wasser abbürsten. Kartoffeln in Salzwasser etwa 25 Minuten kochen, abgießen und ausdämpfen lassen.

★ Abgekühlte Kartoffeln anschließend in 1 Zentimeter dicke Scheiben schneiden.

★ Zucchini waschen, die Enden knapp abschneiden und in 1 Zentimeter dicke Scheiben schneiden.

★ Tomaten waschen, jeweils den Strunk entfernen und das Fruchtfleisch vierteln.

★ 8 Bögen Alufolie ausbreiten und darauf Kartoffeln, Zucchini, Tomaten, Rosmarin- und Thymianzweige verteilen. Mit grobem Salz und Pfeffer würzen. Das Gemüse mit jeweils 2 Esslöffeln Olivenöl beträufeln. Die Folie über der Füllung einschlagen und die Enden zusammendrehen.

★ Die Päckchen auf die Außenseiten des Grills legen und bei schwacher bis mittlerer Hitze 20 bis 30 Minuten grillen.

PFEFFER-
SCHOTEN ★★★

Für 4 Personen

4 kleine grüne Pfefferschoten
Olivenöl
Meersalz

→ **5 Minuten plus
3 Minuten Garzeit**

→ Zubereitung

★ Die Pfefferschoten gründlich waschen und trockentupfen.

★ Eine tiefe Pfanne mit so viel Olivenöl auffüllen, dass die Schoten halb bedeckt sein werden. Das Olivenöl erhitzen.

★ Die Pfefferschoten in das heiße Öl legen und 2 bis 3 Minuten scharf anbraten, wobei die Haut Blasen werfen und stellenweise ruhig etwas braun werden darf.

★ Die angerösteten Pfefferschoten auf Tellern anrichten und mit grobem Salz bestreuen.

Waschen, scharf anbraten, fertig!

BBQ-SAUCE ★★★

Für 4 Portionen

1 große Zwiebel
60 ml Worcestershiresauce
55 g brauner Zucker
3 Knoblauchzehen
240 ml Tomatenketchup
1 TL Senf
2 TL edelsüßes Paprikapulver
2 TL Chilipulver
Saft von 2 Zitronen
1 TL Salz
1 Prise Rauchsalz
1 EL Sonnenblumenöl

**→ 10 Minuten plus
30 Minuten Garzeit**

→ Zubereitung

★ Zwiebel abziehen und sehr fein schneiden.

★ Worcestershiresauce und Zwiebeln in einen Topf geben. Den braunen Zucker hinzufügen, mischen und zum Kochen bringen. Die Sauce leicht köcheln lassen.

★ Knoblauch abziehen und pressen.

★ Tomatenketchup, Senf, Paprikapulver, Chilipulver und Zitronensaft hinzufügen. Gepressten Knoblauch, Salz und Rauchsalz zugeben und 30 Minuten unter ständigem Rühren köcheln lassen.

★ Eventuell Öl dazugeben, wenn die BBQ-Sauce beim Kochen zu sehr eindickt.

★ VARIANTE ★
Um den Geschmack der BBQ-Sauce noch etwas zu verfeinern, eignet sich Honig perfekt. Einfach etwas Honig in den Topf geben und verrühren.

KETCHUP ★★★

Für 4 Portionen

2 kg reife Tomaten
250 g Zwiebeln
1 EL Salz
100 g Zucker
4 EL Weinessig
1 TL weißer Pfeffer, frisch gemahlen
1 TL Senfpulver
½ TL Ingwerpulver
½ TL gemahlener Piment

→ *15 Minuten plus*
45 Minuten Garzeit

→ Zubereitung

★ Die Tomaten waschen, den Strunk entfernen und die Tomaten in Stücke schneiden.

★ Die Zwiebeln abziehen und fein hacken.

★ Tomaten und Zwiebeln in einen hohen Topf mit dickem Boden füllen. Salz, Zucker, Essig, Pfeffer, Senfpulver, Ingwerpulver und Piment zugeben und alles mischen. Das Tomatengemüse zum Kochen bringen und 45 Minuten köcheln lassen.

★ Anschließend die Masse durch ein Sieb streichen.

★ Das Tomatenketchup zurück in den Topf geben und offen kochen lassen, bis es eindickt.

★ Tomatenketchup in heiß ausgespülte Flaschen mit weitem Hals füllen. Die Flaschen sofort verschließen und zum Abkühlen auf den Deckel stellen.

★VARIANTE★

Mit 2 bis 3 Teelöffeln Currypulver verwandelt man reines Tomatenketchup in schmackhaftes Curryketchup. Eine gute Prise Cayennepfeffer macht die Sauce feurig. Auch etwas fein gehacktes Basilikum und 1 bis 2 Teelöffel Oregano verfeinern das Ketchup.

SPICY KETCHUP ★★★

Für 4 Portionen

3 Stangen Staudensellerie
2 Zwiebeln
1 Knoblauchzehe
6 EL Olivenöl
250 g Tomatenketchup
2 EL brauner Zucker
2 EL Apfelessig
3 EL Worcestershiresauce
2 EL Senf
2 TL Zitronensaft
1 TL Salz
1 TL schwarzer Pfeffer, grob
geschrotet

→ **15 Minuten plus**
15 Minuten Garzeit

→ Zubereitung

★ Staudensellerie waschen, putzen und fein würfeln.

★ Zwiebeln und Knoblauch abziehen und klein schneiden.

★ In einem Topf das Olivenöl erhitzen und darin Sellerie, Zwiebeln und Knoblauch etwa 3 Minuten andünsten.

★ Tomatenketchup, Zucker, Apfelessig, Worcestershiresauce und Senf zugeben und aufkochen. Bei kleiner Hitze etwa 15 Minuten kochen lassen.

★ Anschließend das Ketchup mit Zitronensaft, Salz und Pfeffer würzen.

★ Spicy Ketchup in heiß ausgespülte Flaschen mit weitem Hals füllen. Die Flaschen sofort verschließen und zum Abkühlen auf den Deckel stellen.

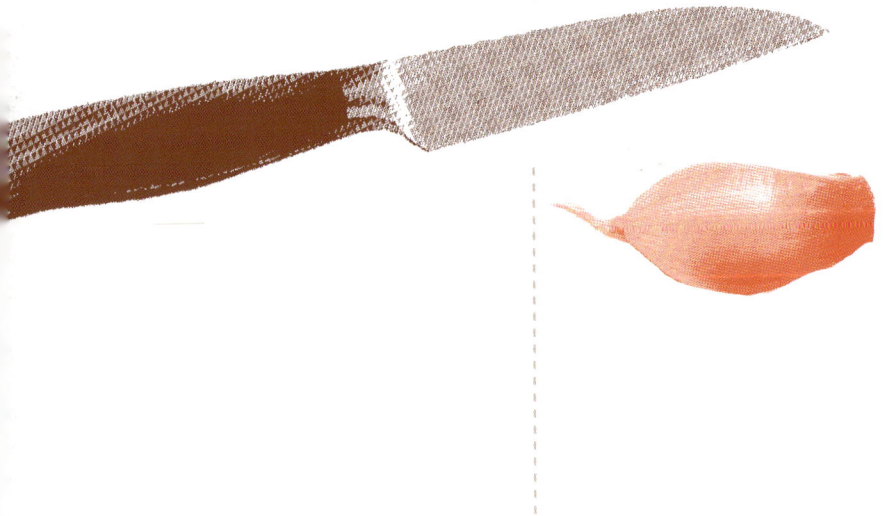

Spicy Ketchup

Ketchup

BBQ

BBQ

PAPRIKA-PASTE ★★★

Für 4 Portionen

60 g Sonnenblumenkerne
70 g Cashewkerne
½ Zwiebel
90 g würziges Ayvar (Paprikapaste)
20 g Tomatenmark

→ **15 Minuten**

→ *Zubereitung*

★ Eine beschichtete Pfanne auf kleiner Stufe erhitzen. Sonnenblumenkerne und Cashewkerne hineingeben und ohne Fett anrösten. Anschließend die Kerne aus der Pfanne nehmen, auf einem Teller ausbreiten und abkühlen lassen.

★ Die Zwiebel abziehen und sehr fein schneiden.

★ Abgekühlte Sonnenblumenkerne und Cashewkerne in den Standmixer geben und zerkleinern.

★ Zerkleinerte Kerne mit Zwiebeln, Ayvar und Tomatenmark mischen und gut verrühren.

Pesto alla genovese

Paprikapaste

PESTO ALLA GENOVESE ★★★

Für 4 Portionen

100 g Basilikum
1 ½ EL Pinienkerne
1 ½ Knoblauchzehen
25 g Parmesan
25 g Pecorino
2 TL grobes Meersalz
50 ml gutes Olivenöl

→ *15 Minuten*

→ Zubereitung

★ Basilikum abspülen, sehr gründlich trockenschleudern und die Blätter abzupfen.

★ Eine beschichtete Pfanne auf kleiner Stufe erhitzen. Pinienkerne hineingeben und ohne Fett ganz leicht anrösten.

★ Knoblauch abziehen und grob hacken. Parmesan und Pecorino würfeln.

★ Knoblauch und Meersalz in einem großen Mörser zerstoßen. Pinienkerne nach und nach zugeben. Basilikumblättchen in kleinen Portionen hinzufügen. Beide Käsesorten dazugeben und ebenfalls zerstoßen. So viel Öl unterrühren, bis eine geschmeidige, leicht stückige Paste entstanden ist.

BÄRLAUCH-PESTO ★★★

Für 4 Portionen

1 Bund Bärlauch
100 g Sonnenblumen- oder Kürbiskerne
50 ml Olivenöl
Salz

→ *15 Minuten*

→ Zubereitung

★ Bärlauch waschen, putzen und trockenschwenken. Bärlauchblätter klein schneiden.

★ Sonnenblumen- oder Kürbiskerne und Bärlauch in ein hohes Rührgefäß füllen und mit dem Pürierstab pürieren.

★ Währenddessen langsam das Olivenöl hinzugeben, bis eine gleichmäßige Masse entsteht. Mit Salz abschmecken.

MAYONNAISE ★★★

Für 4 Portionen

2 sehr frische Eigelbe (Gr. M)
1 TL mittelscharfer Senf
250 ml Sonnenblumenöl
1-2 EL Zitronensaft
Salz
weißer Pfeffer, frisch gemahlen
1 Prise Zucker

→ **10 Minuten**

→ Zubereitung

★ Eigelbe und Senf in einen hohen Rührbecher füllen und mit den Schneebesen des Handrührgeräts kurz verrühren.

★ Etwa 50 Milliliter Sonnenblumenöl tröpfchenweise einrühren, bis sich Öl und Eigelb verbunden haben.

★ Anschließend das restliche Öl in einem dünnen Strahl langsam unter ständigem Rühren zugießen und so lange aufschlagen, bis eine dickcremige Mayonnaise entsteht.

★ Zitronensaft unterrühren und die Mayonnaise mit Salz, Pfeffer und Zucker abschmecken.

VEGANE MAYONNAISE ★★★

Für 4 Portionen

100 ml ungesüßter Soja-Drink
Saft von 1 Zitrone
200-300 ml Sonnenblumenöl
Salz
weißer Pfeffer, frisch gemahlen

→ **5 Minuten**

→ Zubereitung

★ Soja-Drink in einen hohen Rührbecher füllen. Den Zitronensaft hinzufügen.

★ Den Pürierstab in den Soja-Drink halten und anschalten. Etwa 50 Milliliter Sonnenblumenöl tröpfchenweise einrühren, bis die Mischung bindet.

★ Anschließend das restliche Öl in einem dünnen Strahl langsam unter ständigem Rühren zugießen und so lange aufschlagen, bis eine dickcremige Mayonnaise entsteht. Kräftig mit Salz und Pfeffer abschmecken.

MANGO-CHUTNEY ★★★

Für 4 Portionen

2 Mangos à ca. 400 g
2 rote Zwiebeln
¼ rote Chilischote
2 EL Weißweinessig
Saft von 1 Limette
2 EL Zucker
1 walnussgroßes Stück Ingwer, frisch
gerieben
Currypulver
Salz
schwarzer Pfeffer, frisch gemahlen

→ **20 Minuten plus
10 Minuten Garzeit**

→ Zubereitung

★ Die Mangos schälen und das Fruchtfleisch vom Stein
herunterschneiden. Anschließend das Mangofruchtfleisch in
grobe Würfel schneiden.

★ Zwiebeln abziehen und klein schneiden.

★ Die Chilischote längs halbieren, die Kerne entfernen und
die Schote fein hacken.

★ Weißweinessig, Limettensaft und Zucker in einen Topf
geben und zum Kochen bringen.

★ Mango, Zwiebeln, Ingwer und Chili zugeben und
unterrühren. Die Mischung aufkochen und das Mangochutney
5 bis 10 Minuten köcheln lassen.

★ Das Mangochutney mit Currypulver, Salz und Pfeffer
abschmecken.

Mmh ... Mango!

Mangochutney

Mayonnaise

Pesto

Sonnenblumenöl

PINIENKERNE

Basilikum

MEERSALZ

ZITRONENSAFT

Mayonnaise

OLIVENÖL TOMATENMARK

Sonnenblumenkerne

Bärlauch

WESTERN-SAUCE ★★★

Für 4 Portionen

8 EL Mayonnaise (Seite 133)
3 EL Tomatenmark
2 TL Ketchup
2 TL Senf
1 kleine Zwiebel
8 kleine Gewürzgurken mit Honignote
1 TL Paprikapulver
Salz nach Geschmack
2 TL Chilischoten-Pfeffer

→ **10 Minuten**

→ Zubereitung

★ Mayonnaise, Tomatenmark, Ketchup und Senf in einen Standmixer füllen.

★ Die Zwiebel abziehen, halbieren und zugeben.

★ Gewürzgurken, Paprikapulver, Salz und Chilischoten-Pfeffer hinzufügen und auf Stufe 6 etwa 5 Sekunden zerkleinern. Je nach gewünschter Konsistenz noch feiner zerkleinern.

CHILI-SAUCE ★★★

Für 4 Portionen

1 mittelgroße Zwiebel
1 Knoblauchzehe
3 rote Chilischoten
1 rote Paprikaschote
2 EL Pflanzenöl
1 Dose Tomaten (250 g Abtropfgewicht)
Salz und schwarzer Pfeffer
1 EL Honig

→ **10 Minuten**

→ Zubereitung

★ Zwiebel und Knoblauch abziehen und sehr fein schneiden.

★ Chilischoten und Paprika waschen und putzen. Paprika und Chili entkernen und sehr fein würfeln.

★ In einer Pfanne das Öl erhitzen und darin Zwiebeln, Chili und Paprika andünsten. Tomaten, Salz, Pfeffer, Knoblauch und Honig dazugeben und einige Minuten kochen lassen.

★ Die Gemüsemischung anschließend pürieren.

Chilisauce

Westernsauce

★ TIPP ★

Den Schärfegrad kann man über die Menge von Chilis oder auch Tabasco gut steuern.

EINFACH

süß!

DONUTS ★★★

Für 4 Personen

300 g Mehl
2 Eier
17 g frische Hefe
1 Prise Salz
70 g brauner Zucker
1 Prise Zimtpulver
1 EL zimmerwarme Butter
80 ml Milch
Mehl zum Bestäuben
500 ml neutrales Pflanzenöl zum
Frittieren
nach Wunsch Puderzucker,
Zuckerguss oder Streusel zum
Verzieren

➡ **20 Minuten plus
1 Stunde 20 Minuten Gehzeit
und 20 Minuten Garzeit**

... Papa, ist das Öl schon heiß?

➡ Zubereitung

★ Mehl und Eier in eine Rührschüssel füllen. Die Hefe zerbröseln und hinzufügen.

★ Salz, Zucker, Zimt, Butter und Milch zugeben und vermischen. Mit den Knethaken des Handrührgeräts zu einem glatten Hefeteig kneten.

★ Den Hefeteig mit etwas Mehl bestäuben und abgedeckt mindestens 1 Stunde gehen lassen.

★ Anschließend den Teig auf einer mit Mehl bestäubten Unterlage glatt und 1 bis 1,5 Zentimeter dick ausrollen. Erneut etwas Mehl über den Teig geben und mithilfe von zwei unterschiedlich großen Förmchen oder Gläsern/Bechern Donuts ausstechen.

★ Ein Blech mit Mehl bestäuben, die ausgestochenen Donuts darauflegen und weitere 20 Minuten gehen lassen.

★ Das Öl in einem Topf auf 170 °C erwärmen (mit einem Kochthermometer kontrollieren).

★ Die Donuts ins heiße Öl geben. Nach 1 Minute wenden und die andere Seite ebenfalls ungefähr 1 Minute frittieren.

★ Danach die Donuts zum Abtropfen auf Küchenpapier legen und nach Wunsch mit einem Topping wie Puderzucker, Zuckerguss oder Streuseln verzieren.

CRONUTS ★★★

Für 4 Personen

Vanillecreme

500 ml Milch oder Sojamilch
2 Prisen abgeriebene Zitronenschale
6 Päckchen Vanillezucker
2 EL Zucker
2 Päckchen Vanillepuddingpulver
300 g Sahne oder schlagbare vegane
Soja Cuisine

Teig

250 g tiefgekühlter Croissantteig oder
veganer Blätterteig
500 ml neutrales Pflanzenöl zum
Frittieren
Zucker bzw. Puderzucker zum
Bestäuben

→ **30 Minuten plus
15 Minuten Garzeit**

→ Zubereitung

★ Für die Vanillecreme Milch bzw. Sojamilch mit dem Zitrusabrieb, Vanillezucker und Zucker zum Kochen bringen.

★ Puddingpulver und Sahne oder Soja Cuisine klümpchenfrei verrühren und dazugeben. Kräftig rühren und etwa 1 bis 2 Minuten kochen, danach vom Herd nehmen. Die Vanillecreme etwas abkühlen lassen.

★ Den tiefgekühlten Teig auf der Arbeitsfläche ausbreiten und auftauen lassen. Die 8 einzelnen Teigplatten mit ganz wenig Wasser befeuchten und übereinanderlegen. Sie sollen aneinanderkleben, man darf die Teigplatten dabei aber nicht zusammendrücken.

★ Aus den übereinandergelegten Teigplatten mit einem scharfen Messer Kreise herausschneiden. (Achtung: nicht ausstechen, da der Cronut sonst nicht richtig aufgeht.)

★ Das Öl in einem Topf auf 180 °C erhitzen (mit einem Kochthermometer kontrollieren). Die Teigkreise nacheinander in das heiße Fett geben. Wenn der Teig leicht braun geworden ist, kurz einmal umdrehen und den Cronut frittieren, bis er goldbraun ist.

★ Die Cronuts mit einer Schaumkelle aus dem heißen Öl heben und auf Küchenpapier abtropfen lassen. Cronuts mit Zucker oder Puderzucker bestäuben und mit der abgekühlten Vanillecreme bestreichen.

BROWNIES ★★★

Für 4 Personen

Teig
200 g Butter
100 g Zartbitterschokolade, gehackt
100 g Milchschokolade, gehackt
200 g brauner Zucker
80 g feiner Zucker
3 Eier
80 g Mehl
40 g Kakaopulver
1 TL Zimtpulver
Butter für die Form

Sojakaramell
150 ml Vollmilch
150 g Sahne
300 g feiner Zucker
30 ml Sojasauce

→ **30 Minuten plus 25 Minuten Backzeit**

→ Zubereitung

★ Die Butter schmelzen. Die Schokolade in eine Schüssel geben und die geschmolzene Butter unterrühren. Einige Minuten schmelzen lassen, dabei gelegentlich umrühren.

★ Den Backofen auf 175 °C (Umluft 160 °C, Gas Stufe 2-3) vorheizen.

★ Eine rechteckige Backform (23 x 33 cm) mit leicht eingefettetem Backpapier auslegen.

★ Beide Zuckersorten und die Eier in eine Schüssel geben und mit dem Handrührgerät verquirlen, bis eine leichte, helle und cremige Mischung entsteht. Dann die Schokoladen-Butter-Mischung unterrühren.

★ Mehl, Kakaopulver und Zimt mischen, auf den Teig sieben und vorsichtig unterheben.

★ Den Teig in die Form füllen, glatt streichen und im Backofen bei 175 °C 25 bis 30 Minuten backen. Die Brownies sind fertig, wenn sich oben und seitlich eine dünne Kruste bildet.

★ Für den Sojakaramell Milch und Sahne in einem Topf zum Kochen bringen. Zucker und 50 Milliliter Wasser in einem zweiten Topf erhitzen und bei mittlerer Hitze kochen lassen. Wenn der Zucker vollständig aufgelöst ist, die Hitze erhöhen. Nicht rühren, um eine Kristallbildung zu vermeiden.

★ Sobald der Zucker bernsteinfarben ist, die kochendheiße Milch-Sahne-Mischung unter ständigem Rühren vorsichtig in den Zucker gießen. Vom Herd nehmen und die Sojasauce unterrühren. Leicht abkühlen lassen.

★ Zum Servieren einige Löffel des warmen Sojakaramells auf die Brownies geben.

NEW YORK
CHEESECAKE ★★★

Für 6-8 Personen

Boden

150 g kernige Kekse (z. B. Hobbits von Brandt)
50 g Kartoffelchips
50 g Mini-Brezeln
1 Prise Salz
2 EL Kaffeepulver
75 g geschmolzene Butter
Butter für die Form

Füllung

600 g Doppelrahmfrischkäse
200 g Crème fraîche
100 g Zucker
abgeriebene Schale von ½ unbehandelten Zitrone
Mark von 1 Vanilleschote
4 Eier

Karamellcreme

150 g Zucker
100 g Butter
100 g Sahne
1 EL Kaffeepulver

➞ 30 Minuten plus 12 Stunden Kühlzeit und 1 Stunde Backzeit

➞ Zubereitung

★ Den Backofen auf 150 °C (Umluft nicht geeignet, Gas Stufe 1) vorheizen. Eine Springform dünn mit Butter einstreichen und mit mehreren Lagen Alufolie umwickeln.

★ Kekse, Chips und Brezeln in einen Gefrierbeutel geben und mit dem Nudelholz fein zerbröseln. Die feinen Krümel in eine Schüssel füllen. Salz und Kaffeepulver zugeben. Die geschmolzene Butter mit drei Vierteln der Masse mischen.

★ Den Teig in die Springform füllen und gleichmäßig am Boden andrücken. 20 Minuten kalt stellen.

★ Frischkäse, Crème fraîche, Zucker, Zitrusabrieb und Vanillemark mit dem Handrührgerät verrühren. Die Eier einzeln zugeben. Die Masse auf den Keksboden füllen.

★ Ein tiefes Blech oder eine große Auflaufform einige Zentimeter hoch mit Wasser füllen und die Springform in das Wasserbad stellen.

★ Den Kuchen bei 150 °C im Backofen 1 Stunde backen. In dieser Zeit den Ofen nicht öffnen! Der Wasserdampf gibt dem Kuchen die perfekte Konsistenz. Der Kuchen soll in der Mitte noch ein wenig wackelig sein.

★ Für die Karamellcreme den Zucker mit 3 Esslöffeln Wasser in einen Topf geben und unter Rühren zum Schmelzen bringen. Sobald die Masse braun und cremig ist, die Butter in kleinen Stücken unterrühren und ein paar Minuten köcheln lassen. Währenddessen die Sahne anwärmen, den Topf vom Herd nehmen und Sahne sowie Kaffeepulver einrühren.

★ Den New York Cheesecake über Nacht kalt stellen. Dann mit der Karamellcreme bestreichen und die Ränder mit den restlichen Kekskrümeln dekorieren.

Kaffeepulver

Butter

HONIG   CRÉME FRAÎCHE

Brownies

ZUCKER   Sahne

Blätterteig

CRONUTS   SCHOKOLADE

Donut

Zimt

TEIG

Vanilleschote

MANGO-EIS ★★★

- -

Für 4 Personen

1 mittelgroße reife Mango
200 ml Orangensaft
2 ½ EL Agavendicksaft
(oder Zuckersirup)

→ **15 Minuten plus
4 Stunden Kühlzeit**

→ Zubereitung

★ Die Mango schälen und das Fruchtfleisch vom Stein herunterschneiden.

★ Mangofruchtfleisch und Orangensaft in einen hohen Rührbecher füllen und fein pürieren.

★ Die Orangen-Mango-Mischung mit Agavendicksaft süß abschmecken und in Eiswürfelbehälter füllen. Mindestens 4 Stunden einfrieren.

... Ice Ice Baby!

★TIPP★
Für die richtige Konsis-
tenz ist der Zuckeranteil
verantwortlich. Zucker
fördert die Eiskristall-
bildung.

SCHOKO-
KUCHEN ★★★

Für 4-6 Personen

250 g Zartbitterschokolade
175 g Butter
150 g getrocknete Datteln, entsteint
5 Eier
125 g brauner Rohrzucker
1 EL Zimtpulver
¼ TL gemahlene Nelken
175 g gemahlene Mandeln
100 g gehackte Mandeln
1 Prise Salz
5 Zimtstangen
10 Mandelkerne
Zucker zum Bestreuen

**→ 25 Minuten plus
40 Minuten Backzeit**

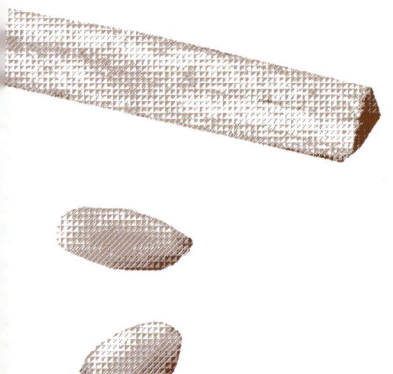

→ Zubereitung

★ Die Zartbitterschokolade fein hacken.

★ Butter und Schokolade in eine Metallschüssel geben und im warmen Wasserbad schmelzen lassen.

★ Den Backofen auf 180 °C (Umluft 160 °C, Gas Stufe 3) vorheizen.

★ Eine Springform (Ø 24 cm) oder eine Kastenform (28 cm) mit Backpapier auslegen.

★ Datteln sehr fein hacken. 3 Eier trennen und das Eiweiß in einer sauberen Rührschüssel kalt stellen.

★ Zucker, Eigelbe und die restlichen Eier mit dem Handrührgerät 5 Minuten dickcremig aufschlagen. Die Schokoladen-Butter-Mischung zugeben und unterrühren. Datteln, Zimt, Nelken und die gemahlenen und gehackten Mandeln hinzufügen und die Masse gut verrühren.

★ Salz zum Eiweiß geben und das Eiweiß zu steifem Schnee schlagen. Etwa ein Drittel vom Eischnee unter den Teig rühren, dann den Rest vorsichtig unterheben.

★ Den Teig in die Form füllen. Zimtstangen und Mandelkerne zum Verzieren darauflegen und den Kuchen bei 180 °C im Backofen etwa 40 Minuten backen.

★ Den Kuchen in der Form abkühlen lassen. Anschließend herausnehmen und mit Zucker bestreuen.

MOHNWAFFELN MIT KIRSCHEN ★★★

Für 8 Personen

Mohnteig
200 ml Milch
80 g gemahlener Mohn
100 g Mehl
1 TL Backpulver
1 Päckchen Vanillepuddingpulver
70 g Joghurtbutter
3 Eier
120 g Puderzucker
Öl zum Backen
Puderzucker zum Bestäuben

Vanillequark
80 g Sahne
250 g Magerquark
2 Päckchen Vanillezucker

Kirschen
200 g tiefgekühlte Sauerkirschen
30 g Zucker
1 EL frisch gepresster Orangensaft
Mark von 1 Vanilleschote
1 TL Speisestärke

→ 30 Minuten plus
15 Minuten Backzeit

→ Zubereitung

★ Die Milch aufkochen, den Mohn unter Rühren zugeben und 3 bis 4 Minuten köcheln lassen. Beiseitestellen und 10 Minuten abkühlen lassen.

★ Für den Vanillequark die Sahne steif schlagen.

★ Quark und Vanillezucker verrühren. Die Sahne vorsichtig unterheben.

★ Tiefgekühlte Kirschen mit Zucker, 150 Milliliter Wasser, Orangensaft und ausgekratztem Mark der Vanilleschote in einen Topf geben, aufkochen und 3 Minuten köcheln. Speisestärke mit wenig kaltem Wasser klümpchenfrei verrühren und unter Rühren zu den Kirschen geben. Einmal aufkochen lassen, dann beiseitestellen.

★ Mehl, Backpulver und Vanillepuddingpulver in einer Schüssel gut vermischen.

★ Die Butter schmelzen.

★ Eier und Puderzucker mit dem Handrührgerät etwa 3 Minuten schaumig schlagen. Milch-Mohn-Gemisch, geschmolzene Butter und das Mehlgemisch kurz unterrühren.

★ Ein Waffeleisen auf höchster Stufe erhitzen. Waffeleisen mit etwas Öl auspinseln. Aus dem Mohnteig portionsweise 6 bis 8 Waffeln backen.

★ Die Waffeln noch heiß mit Puderzucker bestäuben und mit Kirschen und Vanillequark servieren.

WER MACHT DIE BESTEN BURGER?

Am Anfang stand ein mehrjähriger Burgerbattle zwischen meinem guten Freund Felix Parson und mir. Wir haben bei jeder Gelegenheit – ob Geburtstag oder die jährliche Super Bowl Party – Burger gemacht. Buns backen, Beef verwolfen und ab auf den Grill. Unsere Freunde liebten uns für die legendären Burgerpartys. Jedes Mal wurden wir ein bisschen besser. Es gab nur ein Ziel: den Burgerolymp. Schließlich kamen wir auf die geniale Idee, einen eigenen Laden aufzumachen, wo man den ehrlichsten Burger der Stadt bekommt: pur, echt, bio und unvergesslich.

Als Kommunikations- und Eventmanager in einer der größten Agenturen der Welt hatte ich bis dahin Leuten mein ganzes Leben lang irgendwelche Produkte verkauft, die sie nicht brauchten. Nun war es an der Zeit, endlich etwas Sinnvolles zu machen! Also, fix den Job geschmissen und einen kleinen Store angemietet: Felix und ich eröffneten ein kleines Bio-Burger-Restaurant. Wir probierten hunderte Bunrezepte, mischten coole Saucen und entwickelten ausgefallene Burgervarianten mit und ohne Fleisch. Unsere ganzen Erfahrungen packten wir anschließend in eine »heilige« Speisekarte.

Während meines Studiums in Colorado, USA, hatte ich Einblick in viele authentische Burgerbratereien. Nirgendwo wird so klar und ehrlich Fleisch gegrillt wie dort. Dieses Wissen wollte ich mit unserer bayerischen regionalen Küche verbinden. Vor Ort gingen wir zum besten Bio-Metzger der Region und baten ihn um ein paar Kilo Rindfleisch.

Jeden Morgen fuhr ich mit dem alten Benz zum Großmarkt, um dort frisches Gemüse und Zutaten für unseren »Holy Burger«-Laden einzukaufen. Und während ich unsere zahlreichen Burgerkreationen servierte, stand Felix Tag und Nacht am Grill. Mittlerweile besitzen wir mehrere Burgerrestaurants und einen Lieferservice.

In den letzten fünf Jahren habe ich mich ausschließlich mit der Zubereitung des perfekten Burgers beschäftigt. Seitdem machen wir Tag für Tag unsere Gäste mit frischen Bio-Burgern glücklich. Das feine Zusammenspiel von Saucen, Toppings, Käse und einem frisch gebackenen Burgerbun ist faszinierend. Ein Biss und das saftige Beef, sein Grillaroma und die übrigen Zutaten verschmelzen zu einem sensorischen Erlebnis, das kaum zu toppen ist.

Und jetzt gibt's für alle Burgerfans mein erstes Kochbuch, damit auch zu Hause die Burgerparty steigen kann!

Register

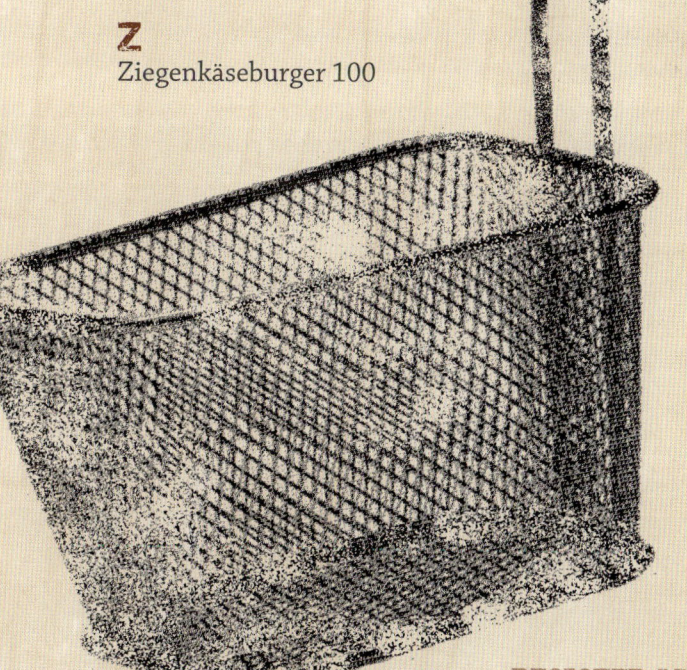

Impressum

1. Auflage

© 2015 by Südwest Verlag, einem Unternehmen der Verlagsgruppe Random House GmbH, 81673 München.

Hinweis: Das vorliegende Buch ist sorgfältig erarbeitet worden. Dennoch erfolgen alle Angaben ohne Gewähr. Weder der Autor noch der Verlag und seine Mitarbeiter können für eventuelle Nachteile oder Schäden, die aus den im Buch gegebenen Hinweisen resultieren, eine Haftung übernehmen.

Redaktionsleitung: Silke Kirsch
Projektleitung: Eva Wagner
Redaktion: Anja Fleischhauer, Stuttgart
Korrektorat: Kerstin Weber, Rosenheim
Bildredaktion: Tanja Zielezniak
Fotografie: Coco Lang, München (ausgenommen S. 157: © holyburger)
Fotoassistenz: Alina Neumeier
Foodstyling: Sven Dittmann
Requisitenstyling: Miriam Geyer
Satz und Produktion: atelier-sanna.com, München
Umschlaggestaltung und Layout: atelier-sanna.com, München
Druck und Bindung: Těšínská tiskárna, Český Těšín

Printed in the Czech Republic

FSC® C005833
MIX
Papier aus verantwortungsvollen Quellen
www.fsc.org

Verlagsgruppe Random House FSC®N001967
Das für dieses Buch verwendete FSC®-zertifizierte Papier *Hello silk* liefert Lecta, Condat, Frankreich.

ISBN: 978-3-517-09373-4